「脳」と「本」の持つ可能性を最大化する

武器になる読書術

宇都出雅巳
Utsude Masami

SOGO HOREI PUBLISHING CO., LTD

まえがき

「本を買ってもなかなか読み始められずに、積ん読が増えていく」
「読み始めても途中で投げ出して、また積ん読が増えていく」
「読み終わったものの、肝心の内容はほとんど思い出せない」
「読んだ内容を忘れているので、仕事に活かせている感じがしない」

本書を手に取られたあなたは、こんな悩みをお持ちかもしれません。

でも、もうご安心ください。本書で紹介する「武器になる読書術」を活用することで、あなたは……

- **買った本をすぐに集中して読み始められる**
- **途中で断念することなくどんどん読み進められる**

ようになり、サクッと読み切れるようになります。

だれにでも読書をするための素質が備わっている！

なお、「読書術」といっても、がんばって読書に集中しようとか、難しい読書テクニックなどは一切不要です。なぜなら、だれにでも読書をするだけの集中力があり、素質があるからです。「がんばって」集中しようだとか高度なテクニックを身につけようだとかいうのは、むしろ逆効果な場合もあるのです。

たとえば「読書をする集中力がない」と言うあなた。そう言いながら、満員電車であったとしても狭いスペースを見つけ、ひじを折りたたみ、スマホに釘づけではないですか？ゲームをやっている人もいるでしょうし、SNSのコメントを読んだり、自分のコメントを書き込んだりしている人もいるでしょう。なかには、ニュース記事を読んでいる人、さらには電子書籍を読んでいる人もいるかもしれません。

ただ、何よりも必要なのは、あなたがこれまでの本の読み方を手放すこと。

というのも、「武器になる読書術」はこれまでの本の読み方とは真逆、非常識ともいえる読み方だからです。

なかには「本をこんなにしてしまっていいの？」「こんな読書って許される？」と驚かれる人もいるでしょう。しかし実践してみると、いかに楽で効果的かをすぐに実感されるはずです。

さて、心の準備はいいでしょうか？

あなたの脳、そして本の持つ可能性を最大限に引き出す「武器になる読書術」の世界に入っていきましょう！

2021年6月　宇都出雅巳

リニューアル化に寄せて

本書は4年前、2017年秋に出版された『集中読書術』のリニューアル版です。タイトル以外、内容はほぼそのままで変わっていません。

ではなぜ4年前の本をもう一度出版するのか、と思われるかもしれません。それは今、「読書」、とりわけ「紙の本」の「読書」が、インターネット、スマートフォンの波にのまれ、その価値を発揮し続けられるかどうかの瀬戸際にいるためです。

昔は、「読書」といえば最初から順番にじっくり読んでいくものでした。しかし今、ネットの文章をスマホで読むことに慣れたわれわれは、そんな読み方ができなくなりつつあります。それに呼応して「飛ばし読み」を勧める読書術も増えてきました。本書も「ワーキングメモリ」など脳を活用する読み方として、「飛ばし読み」を積極的に勧めています。

ただ、「飛ばし読み」には弊害があります。自分に都合のいい情報だけを読み、都合の悪い情報を避けてしまうという弊害です。これでは新たな世界を切り開く「読書」の価値が失われてしまいます。

今こそ「速く」「楽に」そして「深く」読む、本書が伝える読書術が必要なのです。

本書の構成

序章では、本、とりわけ「製本された紙の本」が持つ特徴を見ていったうえで、その特徴を最大限に活かし、スマホを見るように本を読む「武器になる読書術」がどういう読み方なのかを紹介します。

第1章では、「ウィルパワー（意志力）」「ワーキングメモリ（作業記憶）」など脳のしくみについて解説します。

「武器になる読書術」は従来の読み方の真逆とも思える、一見、非常識な読み方です。しかし、実際にはウィルパワーやワーキングメモリを効果的・効率的に使う、非常に合理的な方法です。脳のしくみをあらかじめ理解しておくことで、この「武器になる読書術」を納得して実践しやすくなります。また、これらを理解しておくと、読書はもちろん、あなたの仕事の生産性や日々の生活の質が向上するので、ぜひ参考にしてください。

第2章では、読書のハードルを下げて、すぐに本を読み始めるコツ、**第3章**では、読書を妨げる最大のブレーキ＝「読んでもわからない」という思い込みと上手に付き合いながら、止まらずに最後まで読むコツを解説しています。

第4章では、さらに読書への集中力を高めるための2つのポイント「問いに変える」&「難易度を調整する」を解説します。これによって読書への集中をさらに高めることが可能になります。

第5章では、「武器になる読書術」を6つのステップと5つのコツに分けて、具体的な読み方、さらには読みやすくするための本への書き込み方を解説しています。すぐに実践したい方はほかの章を飛ばしてこの章から読んで実践してもかまいません。

最後の**第6章**では、読書、とりわけ飛ばし&くり返し読みの「武器になる読書術」が、どのようにあなたの頭の回転を速くし、アウトプット力を高めていくか解説しています。

目次

序章 スマホ時代に「本」を読むべき理由と読み方

第1章

ウィルパワーとワーキングメモリを使いこなす「武器になる読書術」

第2章

いつでもどこでも読み始められる読書のコツ

第3章

止まらずに読み終える人の「本との向き合い方」

第4章

「潜在記憶」と「本の難易度」を操り、集中をキープする

第5章

実践！「武器になる読書術」6つのステップと5つのコツ

第6章

頭の回転を速め、アウトプット力を高めるために

ブックデザイン：木村勉
DTP：横内俊彦
校正：池田研一

序章

スマホ時代に「本」を読むべき理由と読み方

なぜ今、本を読むべきなのか？

「武器になる読書術」の説明に入る前に、なぜ本なのか？　なぜ読書が必要なのか？　を解説しておきましょう。

「今はインターネットもあるし、スマホですぐに検索できるので、読書なんてもうしなくていいでしょう」と言う人がいるかもしれません。

確かに何かをすぐに調べるときにはインターネットで十分でしょうし、そのほうが効率的でしょう。

しかし、インターネットで調べるのは私たち人間です。検索バーに何を打ち込むのかを考え、決めるのはわれわれです。

そのわれわれ自身に、検索バーに打ち込む言葉がないと、また、その言葉を考える力を鍛えておかないことには、せっかくのインターネットも使いこなせないのです。

ではどうやって鍛えればいいのか？

そのための最高の手段が本を読むこと、読書なのです。

体系化された情報・知識を効率よく得られる

インターネットにはないものが本にはあります。

それは**情報、知識が体系化されている**ということ。

「体系化」とは、全体から部分、詳細へ、情報や知識を階層構造（ピラミッド構造）に整理することです。

もちろん、すべての本がきっちりと体系化されているわけではないのですが、本の場合は必ずといっていいほど、本が章単位に分かれ、それがさらに節などに分かれて編集されています。そして章タイトルや節見出し、小見出しがつけられているのが普通です。

本の内容は執筆・編集作業のなかで体系化されていくのです。

また、紙の本で間違いがあった場合には修正が難しいので、何度も校正や編集チェックを重ねたうえで本になっていきます。つまり、何人もの目を通して本になっていくので、そのなかで体系化されやすいのです。

この「体系化されている」ということが情報・知識を脳に蓄え、活用するために重要です。なぜなら、**体系化されている情報や知識を読むことで、その分野に関する全体像をつかめる、いわば地図を手に入れることになる**からです。

インターネットの記事でも最近は「まとめサイト」として、目次もつけて情報・知識を体系化しようとする記事がありますが、本と比べるとまだまだ見劣りします。

また、電子書籍の場合、紙の本を電子化したものであれば、先ほど解説したように体系化、整理されている場合がほとんどです。ただ、最近は最初から電子書籍として制作されるものが激増しており、それは紙の本を電子化したものというより、インターネットの記事を軽く編集したようなものになっていて、体系化の度合い、整理の度合いとしてはとても甘い場合が多いです。

情報や知識を理解して記憶し、それを思い出してアウトプット・活用するには、整理されて体系化されていないと話になりません。

本ではそれがあらかじめ行われているので、読むにしても、理解して記憶にするにしても、思い出してアウトプットするにしても、非常に効率的なのです。

動画よりも本のほうが圧倒的に情報密度が濃い

これからは本のような文字情報よりも、ユーチューブをはじめ、動画情報のほうが価値が高くなると思う人がいるかもしれません。

確かに、本、文字では伝わらないことが、動画、もしくは音声で伝わることはあります。私も自分が行っているセミナーや講座を撮影・録音して、ＤＶＤ・ＣＤやオンライン動画・音声の形で提供しています。

微妙なニュアンスを含め、伝えたいことすべてを言葉にする、ましてや文字に落とすのは至難の技です。特にリアルに一緒の場を共有して、講演や研修を受けることで初めて伝わることは多いものです。

私も読者に実践してもらえるように努力して本を書いてきましたが、どうしても、本の情報だけで理解して実践できる人と、講演や研修を受けてやっと初めて理解して実践できる人に分かれてしまいます。

あとで解説しますが、本に限らず、情報、知識を伝える際に、読み手や聞き手といった受け手が持っている知識、経験などの記憶（ストック）が、どれだけ情報・知識が伝わるかに大きく影響を与えます。

特に文字情報が中心の本の場合は、選びぬかれ、情報の圧縮度合いが高いため、講演や研修などのリアルの場、そしてそれを撮影・録音した動画・音声に比べると、理解の度合いは受け手のストックに依存する割合が高いのです。

このため、一般的には本よりも動画や音声のほうが情報・知識が伝わりやすいのは事実です。

ただ、裏を返せば、**本のほうが情報の圧縮度合いが高く、情報密度が濃い**といえるのです。

たとえば、何かの講演の1時間分、テレビ番組の1時間分を本にすると何ページ分に当たるかを考えてもらえればおわかりになるでしょう。

読み手の持つ経験、知識などのストックによりますが、本のほうが動画などよりも圧倒的に知識・情報を得るには効率がいいのです。

同じ時間、動画で情報・知識を得ている人と、本で得ている人とでは最初のうちはさておき、その人のストックが積み重なるにつれて、差はどんどん大きくなっていくでしょう。

すばやく要点をつかめる優れた「操作性」

このように、体系化されていて、情報密度が濃いというメリットを持つ「本」ですが、さらにメリットがあります。

それは、使える時間によって読み方を自由に変えられる柔軟性があることです。

たとえば、30分しかないなかで、2時間の動画を与えられた人と、1冊の本を与えられた人。どちらが、必要な情報を的確に得られる可能性が高いでしょうか？

2時間の動画を30分ですから、当然ながら早送りすることが必要になります。最近では倍速再生などもできるようになっていますが、ざっと全体像をつかもうと思っても、動画の場合は非常に難しいことがわかるでしょう。

これに対して本の場合は、目次もありますし、ざっとページをめくればどんなことが書かれているかを数分でつかむことも可能です。自分に必要な箇所を選び出すのも、目次や見出しを使えば簡単です。

これは文字情報の強みといえますが、インターネットにあふれている文字情報、そして最近急速に普及している電子書籍に対する「紙の本」の強みといえます。

今、本書をパラパラとめくって最後のページまでザッと眺めてみてください。見出しだけを眺める程度の読み方で結構です。

おそらく1分もかからずにできたと思います。

これをインターネットの記事などでできるでしょうか？　電子書籍でも無理ですよね。

今まで意識したことはなかったかもしれませんが、**本、とりわけ紙の本は情報・知識をざっくりとすばやくつかむことに非常に優れたメディア**なのです。また、くり返し読むのに非常に適した形になっています。

今後、紙の本を読むときと同じような感覚で読めるような電子書籍、メディアが開発されるかもしれませんが、紙の本、製本された本というのは読むための操作性において、ほかの追随を許さないメディアなのです。

本の可能性を最大限に引き出す「武器になる読書術」

改めてインターネットにある情報・知識、そして動画や音声情報と比べることで、本、とりわけ「紙の本」というメディアのすごさがわかってもらえたと思います。

ところで、あなたはこの「本」という優れたメディアの可能性を最大限に引き出し、活用できているでしょうか？　そんな本の特徴を改めて整理すると、

①整理、体系化された情報・知識の構造

②内容を把握しやすいようにつけられたタイトルや見出し、そしてそれが集められた目次

③内容を一覧し、前から後ろへ、後ろから前へ何度も簡単に行ったり来たりをくり返せる、片手でも楽にめくれる操作性

実は、〝読書家〟といわれる人などの読書の達人は、こういった本の特徴を知らず知らずのうちにつかみ、活用しています。

そして本書で紹介する、スマホを見るように本を読む「武器になる読書術」は、この「本」という優れたメディアが持つ特徴を最大限に活かす読み方なのです。

どんな読み方なのかズバリ言ってしまうと、**「飛ばし&くり返し読み」**。

タイトルや見出し、目次なども活用しつつ、ざっくりと「飛ばし読み」しながら、しかも本の中を行ったり来たり「くり返し読み」していくのです。

本ならではの読み方であり、紙の本で最もその効果を発揮する読み方です。

なお、本章の最後でも解説しますが、この読み方は前から順番に物語が展開していく小説には適していません。情報や知識が体系的に整理されたビジネス書、新書、専門書などに適した読み方です。

ネット・スマホ時代だからこそ実践できる本の読み方

「武器になる読書術」はテレビやインターネットが普及し、パソコンでのネットサーフィン、さらにはスマホで気軽に多くの情報・知識に触れられるようになった今だからこそ、可能になった読書術といえます。

というのも、情報や知識に希少性があり、それを伝える手段の中心であった「本」というメディアは貴重な存在でした。ただ、大切に扱われすぎるあまり、本当の意味でわれわれが「本」を自由自在に使いこなせていなかったのです。

あなたも、どこか読書をかしこまった行為だと考えていませんか？

われわれは、本、読書に関するさまざまな古い思い込み、習慣をひきずっていて、それが実は本、読書の可能性を狭めています。それなのに、これまではそのことに気づきもせず、気づいてもなかなか行動するまでには至らなかったり、変革のスピードが遅かったりしたのです。

しかし、ここ最近の急速なインターネットやスマホの普及で、「本」自体の価値が揺らぎ始めています。そんな今こそ、これまでの延長線上ではない、革新的で、従来の読み方をぶち壊す、**本当に効果的・効率的な本の読み方を実践できる環境が整った**といえます。

「ブックサーフィン」する読書術

インターネットやスマホなどの技術が向上し、わがままな人間の欲求にどんどん応えてくれるようになってきています。

そのなかで、ある意味われわれ人間は「脳」にやさしい、その本能やしくみに沿った読み方を自然とするようになってきています。

「ネットサーフィン」に見られるように、気の向くまま、興味のおもむくままに自由に、飛ばしながら読んでいく読み方です。

それに対してこれまでの本の読み方は、前から順番に、わからないところがあれば、わかるまでゆっくりじっくりと返り読みしながらがんばって読むやり方でした。

今、あなたを含め多くの人がスマホを読むときに行っている、「ネットサーフィン」的読み方とは真逆だといえるかもしれません。

そんな「ネットサーフィン」的読み方に慣れてくるなか、これまでの本の読み方が難しくなり、ますます読書が難しい、遠い存在になっているのではないでしょうか？

そこであなたに必要なのが、本書の「武器になる読書術」です。

ネットサーフィン、スマホを読む感覚を活かし、積極的に**「飛ばし読み」**をしながら、そこに本という形を活用し、**「くり返し読み」**を入れたのが「武器になる読書術」です。

いわば、ネットサーフィンならぬ「ブックサーフィン」をしていく読書術。

インターネット時代、スマホ時代だからこそ、そこに溺れたり、流されたりするのではなく、ネット・スマホで培った力を活かし、「武器になる読書術」で本をどんどん読んで体系的でしっかりした知識を身につけることが可能であり、重要なのです。

集中には「短い集中」と「長い集中」がある

あなたは、ビジネス書や新書、専門書などを読んでいて集中が途切れたとき、読む気がしなくなったとき、どうしていますか？

そのときは、新たな情報・知識がいっぱいであなたの頭がパンパンになった状態（あとで説明しますが、ワーキングメモリがいっぱいになった状態）かもしれません。

あるいは、興味も持てず面白みもないのに、がんばって読み続けていて、最終的に読み続ける気力がなくなった状態（あとで説明しますが、ウィルパワーを使い果たした状態）かもしれません。

さらには、「わからない」ことに圧倒されて、投げやりになった状態かもしれません。

しかし、あなたがスマホを見ているとき、たとえばニュースサイトなどを見ているときなどは、興味がなくなったら、さっさと飛ばして読んだり、見出し一覧に戻って興味を引かれる記事を探したり、ネットサーフィンをして、興味を引かれる記事・投稿を探したりしていますよね。

それと同じように、あなたが興味を失いかけて集中が切れかけている本でも、見出し一覧、すなわち目次に戻って読めばいいと思いませんか？　パラパラと見出しを見て、興味を引かれたところを読めばいいと思いませんか？

しかし、実際には「本」だとなぜかそうできない人が多いのです。

ビジネス書・新書・専門書は「短い集中」をつないで読もう

ひと口に「集中」といっても、実は**2種類の「集中」**があります。

1つは、ある1つのことに対する集中が、途切れることなく続いている「長い集中」の状態。これが多くの人が考える集中の状態でしょう。

スポーツ選手やプロ棋士の姿などが思い浮かぶかもしれません。没頭や無我夢中という言葉、また、最近の言葉でいえば「フロー状態に入っている」ともいえます。

「長い集中」では、対象への強い興味・関心があり、対象と一体化するほどの状態です。

一方、もう1つの「集中」があります。スマホに「集中」しているときのような状態で、**「短い集中」が連なって続いている状態**です。

たとえば、あなたはスマホのニュースサイトで見出しをざっと見て、何か興味のある記事があればそこをタップして読む。なんか違うなあと思うと、関連記事の見出しをざっと見て、また記事を読む。そこには強い興味、関心があるわけではないのですが、「短い集中」が続いている状態です。

スマホというのは、「ネットサーフィン」しやすいように、インターフェース・操作性も進化しています。画面構成としても関連記事の見出しが一覧ですぐ下に出ているなど、すぐに飛びやすくなっています。こうして短い集中が起きやすく、短い集中と集中の間をできるだけ減らして、ずっとスマホというメディアに集中させ続けているのです。

読書の集中にしても、この2つの集中状態があり得るのですが、読者のみなさんはこれまで1つ目の集中しか、集中状態と考えていなかったのではないでしょうか？

確かに、1つのことにずっと途切れず集中する・本を最初から読み始めてずっと集中し続ける状態が理想かもしれません。しかし、昔より長い時間、集中を保つことが簡単でないこの時代です。

そんな短い時間の集中にしか慣れ親しんでいない人々が増えている時代のなかで、本だけ最初から読み始めてずっと集中し続けることを追求するのは非効率です。

それよりも2つ目の集中状態。**短い集中を積み重ねていく、スマホを見るような集中状態を積極的に活用することが必要**です。

そして、スマホを見ているときのように、短い集中を積み重ねながら本を読んでいくのが、本書で解説していく「武器になる読書術」なのです。

学校で〃洗脳〃された読み方から卒業しよう

もちろん、本でも自然と「飛ばし読み」をしている人がいると思いますし、ある分野の本（好きな分野の本が多いと思いますが）については、こんな、スマホを見るような読み方をしている人がいるかもしれません。

ただ、多くの人は本と向き合うとなぜかスマホとは違う読み方をしています。もしかしたらスマホで電子書籍を読むときも、なぜかそれまでニュースサイトを読んでいたような気楽な読み方ではなく、わからないところがあると、がんばってわかろうとする、ゆっくりじっくりな読み方になっているかもしれません。

というのも飛ばし読みは、小学校以来、学校教育で「いい加減な読み方」と洗脳されてきているので、どこかで罪悪感を持ってしまっているからです。

また、子どものときから、本との出会いの中心である物語、小説は、情報・知識を体系的に整理した階層構造ではなく、時系列で前から順番に進む構造になっているのが普通です。その構造に沿って読むことが集中を保ちやすいのも事実なので、前から順番に追っていく読み方についつい慣れてしまっているということもあります。

学校で使う教科書も授業に沿って前から順番に読んでいくように構成されているので、前から順番に飛ばさないで読んでいく形になっています。授業を受けるなかで、それに沿った「ゆっくり&じっくり読み」が習慣づいてしまっています。

ただ、教科書なども知識が階層構造で整理されているので、前から順番に授業に沿った「ゆっくり&じっくり読み」よりも、**「飛ばし&くり返し読み」で全体構造を大雑把につかんでからだんだん細かいところに入るほうが、楽に読みやすく理解もしやすい**のです。

そもそも、構造が違う本を、同じように読む必要はありません。そして、同じような集中を保とうというのも非現実的なのです。

何かに集中し続ける時間が短くなっている今、明確に本の構造の違いを自覚し、読み方を変えていくことが求められています。

そしてそれが結果的に集中状態を持続させ、効果的・効率的な読書を可能にするのです。

「集団での読み方」と「個人での読み方」は違う

なぜ、このような読み方を学校などで教えず、真逆ともいえる「ゆっくり&じっくり読み」が本流なのでしょうか？

その理由の1つは、先ほども述べたように物語や小説、教科書といった、前から順番に整理されたものを読むことが多いからです。

もう1つの理由は学校教育がこれまでは集団教育、すなわち、一人の先生が多数の生徒を教えるため、生徒全員で足並みをある程度そろえつつ、教えていくことが必要だったからです。

集団教育ではどうしても、前から順番に、しかもわからないところを飛ばさずに、ゆっくりじっくりと読まざるを得ないのです。

ただ、この「ゆっくり&じっくり読み」が、一人で本を読むときの読書法として効果的な読み方だとは限りません。そして、あとで解説するように、ワーキングメモリなどの脳のしくみ・働きから考えると、むしろ、**ゆっくりじっくり読むより飛ばし読みをくり返し**

ていくほうが、はるかに脳にやさしく、努力が報われる方法なのです。

ゆっくり&じっくり読みが読書の質を下げるワケ

本を最初から順番にゆっくりじっくり、がんばって読んでいるうちに、新しい用語や知らない知識が出てくると、それだけで頭がいっぱいになることがありませんか？

これは、第1章で解説する**脳の「ワーキングメモリ」でいうと、その容量がいっぱい、もしくはオーバーバーしている状態**です。ここからがんばって無理にわかろうとしても「報われない努力」になるのですが、多くの人がこの「報われない努力」を一所懸命行っています。

何かのセミナーを受講したときに、わからない箇所があると、いちいちストップして講演者に同じことを何度も何度もくり返し話してもらうようお願いしているようなものです。

セミナーであれば、いちいちわからないところで質問するのではなく、一通りは講演者の話を聞くでしょう。わからないと思ったところについて、そのあとに具体例の紹介があったり、別の角度からの解説があったりして、わからなかったことが「ああ、そういうことね」とわかったことがあるのではないでしょうか？

このように、わからないところでいちいち止まるのではなく、そこは飛ばしてどんどんと前に進んでいけばいいのです。

確かに、ゆっくりじっくり、がんばって読むことで、実際の理解・記憶が進むこともあります。たとえば、あなたが普段、自動車で通っている道をゆっくり歩いてみたら、これまで見えなかったものに気づいたり、「ああ、こうなっているんだ！」とわかったりもするでしょう。

スピードを遅くして読むことの効用は確かにあります。

ただ、「ゆっくり&じっくり読み」はあなたが思うほど、理解や記憶に役立ちません。確かに「ゆっくり&じっくり」読むと、「読んだ！」という実感、満足感は得られ、頭に入って記憶できている感じや理解できたような感覚が生まれます。しかし、実際にはその実感ほど、あなたは理解も記憶もしていないことが認知科学の研究でわかってきているのです。

これは**「流暢性の幻想」**と呼ばれて注目されているもので、文章が流暢に読めるようになると人は理解・記憶したと思いますが、実際はそれが錯覚であり、実際の理解・記憶レベルと大きなギャップがあるのです。

ほとんどの人がこの「流暢性の幻想」に無自覚です。そして、ゆっくり&じっくり読むことの手応え感、満足感もあり、わからないところや難しそうなところにくると、反射的に読むスピードを落とし、「ゆっくり&じっくり読み」に入るのです。

しかし、この読み方は小説や物語などはさておき、階層構造に体系的に整理されているビジネス書や新書、専門書では理解や記憶にあまり役立ちません。その結果、がんばって「ゆっくり&じっくり読み」をしてもその努力が報われず、最終的には理解、記憶が思うように進まずに本を途中で投げ出すことになるのです。

「飛ばし＆くり返し読み」こそが本当の精読だ！

「飛ばし読み」と聞いて、「そんないい加減な読み方で理解・記憶できるの？」「注意散漫な読み方ではないの？」と思われたかもしれません。

確かに、1回だけの飛ばし読みであればそうでしょう。しかし「武器になる読書術」は、この**「飛ばし読み」を何回、何十回とくり返していく「くり返し読み」**です。

いわば、ペンキを重ね塗りするようなものです。最初は大雑把に塗って、だんだんと上から細かいところをきれいにしていくイメージです。

ジグソーパズルに取り組むときのことを思い出してみてください。

おそらく、四隅のピースやわかりやすい図柄のピースから組み合わせていくでしょう。

そして、わかるところを埋めながら、だんだんとわかりにくいところを絞り込んでいくのではないでしょうか？　けっして、順番にこだわって上から順にピースを埋めるということはしないはずです。

「飛ばし読み」をくり返すのも、ペンキの重ね塗りやジグソーパズルをするときのイメージです。けっして非常識なことではないのです。

しっかり、きっちり読もう、理解しながら読もうと考えると、ついつい「ゆっくり&じっくり読み」になりがちです。ただし、その結果読む回数は1回限りなど少なくなります。

そうではない「飛ばし読み」という一見いい加減な読み方が、実はワーキングメモリをはじめ、脳のリソースを有効活用する効果的な読み方であり、それを**「くり返す」ことで、ゆっくりじっくり読むよりも速く、そして深く読むことを可能にする**のです。

本当の精読とは「ゆっくり&じっくり読み」ではなく、「飛ばし&くり返し読み」によってもたらされるのです。

読書はダウンロードではなくコラボレーション

いかがでしょう？　従来の読み方である、ゆっくり&じっくり読みより「武器になる読書術」の、飛ばし&くり返し読みが効果的であることをわかってもらえたでしょうか？

おそらく、まだ半信半疑の人が多いのではないかと思います。

無理もありません。そもそも、読書に対してわれわれは根本的な誤解をしていて、その誤解があるうちは、どうしても「ゆっくり&じっくり読み」のほうが効果的だと思ってしまうからです。

あなたは読書を次のようにとらえていないでしょうか？

「読書とは本から読み手への情報・知識のダウンロードである」

たとえば、今もあなたは本を読んでいるわけですが、あなたはこの本に書かれている知識、情報を自分自身にダウンロードしている感覚がないでしょうか?

しかし、それは実際に読書で起こっていることとは違います。そして、この誤解があなたの読み方、しかも非効率な読み方を続けさせている元凶といってもいいのです。

実は読書というのは、本と読み手との協働作業、コラボレーションなのです。共鳴現象といってもいいでしょう。

今、この瞬間もあなたがこの本を読んでいるときに、日本語の知識はもちろんのこと、本や読書に関するあなたの知識や経験を使って、それに照らし合わせつつ、本に書かれている文字、文章を認識し、内容を理解しているのです。

これは勝手に行われ、記憶を思い出していることすら気づかずに行われているものです。

この記憶の働きを認知科学では**「潜在記憶」**といいます。

読書は読み手のストック(記憶)がカギ

私もそうでしたが、あなたもこうやって読みながら、自分の記憶を呼び出している、思い出しているということを自覚していなかったでしょう。

だからこそ、実際には「本と読み手との協働作業・コラボレーション」である読書を、「本から読み手へのダウンロード」だと誤解してしまうのです。

その結果、最初から順番にじっくりゆっくり読んでなんとかわかろう（別の言葉でいうと頭に強引にダウンロードしよう）とするのです。ここで、読書とは本と読み手のコラボレーション、協働作業であることがわかってもらえれば、**読み手の持っている知識・経験などの記憶（ストック）が少ないなかで、いくらがんばってダウンロードし、押し込もうとしても報われない**ことがわかってもらえるでしょう。

それよりも「飛ばし読み」しながら、楽に読めるところ、興味を持って読めるところを読んで、読み手が新たな情報・知識を得て、ストックを蓄えていく。目次や見出しを読んで、本の全体構造をつかんでいく。

そこに「くり返し読み」を加えていくことで、読み手のストックを蓄えながら、そのストックを使って読んでいくことが可能になり、結果的に楽に速く読めるようになるのです。

このように、読書が「本から読み手へのダウンロード」ではなく、「本と読み手との協働作業・コラボレーション」であることを腑に落としてもらえれば、「武器になる読書術」＝「飛ばし＆くり返し読み」が効果的であることをより納得してもらえるでしょう。

小説とビジネス書では構造・読み方が違う

なお、「飛ばし&くり返し読み」は必ずしもすべての本でオススメしているわけではありません。小説や物語には従来の、前から順番に読んでいく読み方が効果的なのです。そのことを説明しておきましょう。

本はその構造の違いによって扱われるコンテンツが大きく2つに分かれます。

●ストーリーコンテンツ（小説など）

前から順番に時系列、もしくは原因から結果という因果関係の構造を中心に展開していく

●情報・知識コンテンツ（ビジネス書・一般書・専門書・新書など）

情報や知識が階層構造に整理され展開していく

小説の場合、その著者である作家は、読者が前から順番に読みながら、その物語の世界のなかに興味を持ってスムーズに入れるように、だんだんと人物、状況・場面を理解しながら入れるように、それこそ命をかけて工夫しながら書かれているのでしょう。

つまり、読者が集中状態を保ちやすいように工夫して書いているのです。もちろん、その小説の求めるものと、読者が求めるものとの違い、相性、求められる知識レベルの違い、さらには読者の好みから、集中状態が保てるかどうかは作者だけの努力では不可能で、読者との協働作業になります。

売れる小説というのは、多くの読者が受け入れやすい、興味を引きやすい、つまり集中状態を保ちやすいように書かれているといっていいでしょう。

一方の情報・知識を整理して伝えるビジネス書や新書、一般書、専門書。これらについても、もちろん読者が前から読んで興味を持ちやすいように、本の構成も考え、文章を読みやすいように書いています。

しかし、私を含め、情報や知識を整理して伝えるビジネス書の著者などは、読者の集中状態を切らさないようにするというより、**伝える情報・知識を体系的に整理して、論理的に無理がないように、わかりやすいようにすることに心血を注いでいます。**

ですから、最初から順番に読んでいて興味が薄れたり、面白くなくなって集中状態が切れたりするのは、小説以外のビジネス書や専門書、一般書などではある意味、仕方がないといってもいいのです。

「適した読み方」ができれば、ビジネス小説・ビジネス漫画を手放せる

最近、小説仕立てのビジネス書がベストセラーになっています。

自己啓発書のエッセンスを散りばめた『夢をかなえるゾウ』しかり、ドラッカーの『マネジメント』を高校の野球部マネージャーが読むという設定の『もしドラ』しかり、実話をもとに勉強ノウハウ、コミュニケーションノウハウを入れ込んだ『ビリギャル』しかり。

そして、もともとベストセラーだった本が、マンガ化されてまたベストセラーとなっています。『7つの習慣』、『伝え方が9割』などです。

これらはもともと、情報・知識を整理した体系的な構造であったコンテンツを、時系列の物語に直し、読者が前から読んで集中を保ちやすいように、興味を持続させやすいように工夫しています。

ただ、当然ながらもともとの本にあった情報・知識を削ぎ落とす形で作られているため、その内容の深みがなくなっていることは否めません。

あなたがもし、従来の読み方である、前から順番に、理解しながら読むことにこだわっているのであれば、集中できる時間が短くなっている現在、ビジネス書やそのほかの情報・知識を伝える本を、こういったビジネス小説やビジネス漫画の形に作り直してもらわないと読めないでしょう。

しかし、ここまで書いてきたように、あなたが本の構造の違いをわかり、それぞれに適した読み方や集中力の保ち方があることに気づいて、新たな読み方、スマホ読みともいえる読み方でビジネス書など小説以外の本を読めるようになれば、話は別です。

どんなにぶ厚いものでも、難しい本でも、楽に集中状態を保ちながら（短い集中状態をつなぎながら）読めるようになるのです。

第1章

ウィルパワーとワーキングメモリを使いこなす「武器になる読書術」

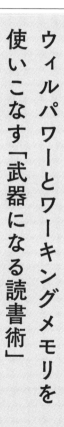

本をサクッと読むためには「がんばらない」こと

ここまで読んで、「そうなんだ！　飛ばし読みでいいんだ。スマホを見るように読めばいいんだ」と思ったあなた。

その通りなのですが、ただ、スマホと本は同じではありません。ここからは具体的に読書を想定しながら、「飛ばし&くり返し読み」を楽にするためのポイントを解説していきましょう。

さっそくですが、あなたが1冊の本を読もうとしている状況を想像してみてください。

その本を読み切るためには何が必要でしょう?

当たり前の話で恐縮ですが、「読まないと読めない」ので、まずは読むことです。もう少し丁寧に言うと、

①読み始めること
②読み始めたら止まらないで読み続けること

これができれば、読み切れるはずですよね？

「それができないから困っているのですよ！」と言う多くの読者の声が聞こえてきますが、当たり前とはいえ、こういった土台を確認しておくことは非常に大事なので、もう少しおつき合いください。

がんばって読もうとするほど負担になる

では、どうやったら「すぐに読み始める」ことができるのか？

そして、どうやったら「読み始めたら止まらないで読み続ける」ことができるのか？

実は、ここで大事なのは、読み始めるときに「がんばろう」とするのをやめることです。

多くの人は何かができないことがあると、すぐに「がんばろう」とします。そして、できないと自分を責めて、もっと「がんばろう」とします。それでもできないと自分をさらに責めて、もっともっと「がんばろう」とします。

ウィルパワーとワーキングメモリが集中力のカギ

実は最近の脳科学、認知科学の研究では、このように「がんばろう」とすることに頼るには無理があり、逆効果のほうが大きいとわかってきています。

その研究のなかで注目されているのが、**「ウィルパワー（意志力）」**と**「ワーキングメモリ（作業記憶）」**です。

この2つについてはこのあと本章でくわしく解説していきますが、「ウィルパワー」と「ワーキングメモリ」について知ることで、これまでのあなたの「がんばり」がムダであったこと。そして、ゆっくりじっくり、がんばってわかろうとする従来の読み方は、いかにムダが多く、それによってかえって読書への集中を妨げ、読み切れなくしていたかがわかってきます。

ウィルパワーとワーキングメモリの正体を知れば、「がんばろう」とするよりも「がんばらない」ことのほうが効果的であることがわかるでしょう。

大事なのは、読書に対するハードルを下げること、脳への負担・負荷をできるだけ下げることなのです。

これを理解・納得して実践することで、「がんばろう」としなくても、すぐに読み始められ、読み始めたら止まらずに読み切ることができるようになるのです。

ウィルパワー（意志力）をムダ遣いしない読み方

ここ最近、集中力のほかビジネスの生産性、質を向上させるためのキー概念として注目されているのが**「ウィルパワー（意志力）」**です。

この言葉は数年前にベストセラーになった『スタンフォードの自分を変える教室』（ケリー・マクゴニガル著　神崎朗子訳　大和書房）に書かれており、日本でも知られるようになってきました。この本の原題は「The Willpower Instinct」（意志力という本能）で、意志力についての研究とその実践が中心に語られていました。

この「意志力」については、フロリダ州立大学・社会心理学部教授のロイ・バウマイスターを中心にその重要性が説かれてきたものです。ひと言でその研究成果をいうと、「何かにがんばると、次はがんばれなくなる」「何かを我慢すると、次は我慢できなくなる」というものです。

たとえば、与えられたチョコレートを食べるのを我慢した人はパズルを我慢して解くことができずに途中で投げ出し、食べるのを我慢しなかった人はパズルを我慢して解けたという実験結果があるのです。

そのほか、ウィルパワーについては、何か意思決定する、選択する際にも使うということが知られています。

では、このウィルパワーが読書、そして「武器になる読書術」になぜ関係があるかというと、集中力高く読書を続けるためには、この**ウィルパワーをできるだけムダ遣いしないことがポイント**になるからです。

がんばって読んでいると、ウィルパワーがどこかで切れてがんばれなくなる。つまり読めなくなるのです。

たとえ一時的にがんばったとしても、ウィルパワーの研究成果からいうと、それは貴重なウィルパワーを消費している行為です。結果的にどこかの段階でがんばれなくなる、つまり、読書への集中が途切れてしまう原因になるのです。

ウィルパワー節約の2つの道

では、貴重なウィルパワーをできるだけ消費しない、節約して使うにはどうすればいいのでしょう？

これには2つの道があります。

1つは、読書に関して**ウィルパワーを使わないようなしくみを作る**こと、言い換えれば、楽にページをめくること・がんばってわかろうとしないこと・読書自体のハードルを下げることです。具体的なやり方は第2章と第3章で説明します。もう1つは、**好き、自発的な興味を活用する**ことです。

何かに注意を向けようとするときに、2つの注意の向け方があります。

1つはがんばって注意を向けようとすること。

わかりやすい例でいうと、学校の授業で先生が、「さわがないで、話を聞きなさい！」と命令して、強制的に注意を向けさせる方法です。

この注意の向け方は、ウィルパワーを大いに消費します。注意を向けようと「がんばって」いるからです。

もう1つの注意の向け方は、興味・関心があるので自然と注意が向く、向いてしまうというものです。

この注意を向ける状態では、ウィルパワーを使わないのです。だからこそ、興味・関心から集中している状態は継続しやすいといわれています。

「武器になる読書術」は短い集中を活用していきますが、本の内容に興味・関心を持てるようにすることをはじめ、できるだけ長い集中も活用できるような工夫を入れています。これについては第4章で解説していきます。

ウィルパワーを鍛えるための3つのポイント

ところで、ウィルパワーを鍛えて、もっと長時間本を読み続けることはできないのでしょうか?

我慢することを重ねていけば、だんだんと我慢できるような気もしますよね。

ただ、とにかく我慢して時間だけ長く読めるようになったとしても、本に集中しておらず、ほかのことを考えていては意味がないわけで、どちらにしても、読む気がしないところをただがんばって読もうとしても意味はありません。

そして、読む気がせず頭が一杯一杯で字面しか追いかけていないようなとき、がんばって読み続けたとしても、それはほとんど、文字通り「字面しか追いかけていない」危険性があります。

このことについては、次に解説する「ワーキングメモリ」の性質を読んで理解できればわかってもらえるでしょう。

なので、とにかく我慢したり、がんばって読む気がしないところを読んだりするのはオススメではありません。

ウィルパワー自体を高める、もしくは限界を上げる、下げないためのポイントが、さまざまな実験の結果明らかになっているので、そのうちの重要な３つのポイントをご紹介しておきましょう。

ポイント１　無意識下の習慣的な行動に気づき、変える

ウィルパワーの研究者であるフロリダ州立大学のロイ・バウマイスターによって、ウィルパワーを高めるために何が効果的かを調べる実験が行われました。比べられたのは次の３つの行動です。

①姿勢に気をつけて、気づいたら背筋を伸ばす
②食べたものをすべて記録する

③前向きな気分やプラスの感情を保つ

学生を3つのグループに分け、それぞれこの行動を2週間行ってもらい、その前後にウィルパワーを調べるテスト（バネ式のハンドグリップをどれだけ長く握っていられるかを測るテスト）を行ったのです。

さて、どの行動がウィルパワーを高めるのに最も役立ったでしょう？

それは①の「姿勢に気をつけて、気づいたら背筋を伸ばす」という行動でした。

そのあと、利き手でないほうの手でドアを開けることや、汚い言葉を使わないようにするといった、**「無意識に行っている習慣的な行動に気づき、変える」ことが、ウィルパワーを高めている**と確認されました。

自分で自分の行動を観察する、認知科学でいう**「メタ認知」**をできるようになることが、ウィルパワーを高めるのです。

まさに「武器になる読書術」は従来からの習慣的な読み方に気づき、それを改めることが求められるので、「武器になる読書術」を実践することで、あなたのウィルパワーを高められるでしょう。

ポイント2　今の取り組みが自分にもたらすメリットを考える

ニューヨーク州立大学オルバニー校のマーク・ムラヴァンとエリザベータ・スレッサレヴァが、ウィルパワーの弱くなった学生を対象にモチベーションがもたらす影響を実験しました。

その結果、お金をもらえるとわかった途端に、学生たちはもうできないと思っていたことをやってのけたのです。

「そうだろう」と思いますよね。

このように、お金かどうかは別にして、今取り組んでいる行動がもたらすメリットが増えたり、より強くイメージできたりすれば、ウィルパワーの限界を高めることができます。

たとえば、次のような質問を自分に問いかけるだけでも、読書におけるウィルパワーを高めることができる可能性があります。

①この本を読んだら、自分にどんないいことがあるだろう？

②この本を読むことで、自分以外のだれかにどんないいことがあるだろう？

これは「武器になる読書術」自体の実践を継続するウィルパワーを高めるためにも重要ですね。次のような問いを投げかけながらぜひ実践してみてください。

「武器になる読書術を実践して、たくさんの本をサクッと読めて頭の回転が速くなり、アウトプット力が高まることで、自分や自分以外のだれかにどんないいことがあるだろう？」

ポイント3 避けたい思考や感情を無理に抑圧しない

「これから5分間、シロクマのことを考えないようにしてください」

こんな指示を受けたらどうなるでしょう？　シロクマのことを考えないようにすればするほど、シロクマのことばかり浮かんできてしまう……。

これは、ハーバード大学の心理学教授だったダニエル・ウェグナーが行った「シロクマ実験」ですが、同じようなことは日々思い当たるでしょう。

たとえば、ネガティブな考えを思い浮かべないようにすればするほど、かえってネガティブな考えが浮かんでくる。甘いものを食べないようにと思えば思うほど、甘いものが浮かんできて、ついつい食べる量が増えてしまう……ということが起こるのです。

これがウィルパワーにも影響を与えます。

ロンドン大学セント・ジョージ校のジェームズ・アースキンは、チョコレートを使った実験でこのことを証明しました。

チョコレートの試食テストを行ったのですが、チョコレートが運び込まれる前に、グループを2つに分け、別々の指示を出しました。

①チョコレートについて何でも自由に口に出していい

②チョコレートのことはいっさい考えてはいけない

さて、どちらのグループがそのあとチョコレートをたくさん食べたと思いますか？

②は我慢するためにウィルパワーを使っているので、我慢できずにたくさん食べたことは想像できると思いますが、なんと①の2倍近くものチョコレートを食べたのです。これ

は「チョコレートのことを考えない」と思考を抑圧したことが、チョコレートへの欲求を強め、ウィルパワーの限界を下げたと考えられます。

欲求を受け入れて「行動」だけをコントロールする

では、何かの欲求を我慢するウィルパワーの限界を下げないためにはどうすればいいのでしょう。そのためには以下の4つのステップが有効だといわれています。

①誘惑や欲求を感じていることに気づく
②すぐに気をまぎらわそうとしたり、否定したりせず、自分の欲求や気持ちを素直に受け入れる
③落ち着いて以下のことを考える。「思考や感情はコントロールできないにしても、それに対してどう行動するかは自分で選択することができる」
④この誘惑や欲求を我慢することで得られるものを思い起こす

つまり、「思考・感情」はコントロールせずに受け入れ、「行動」だけをコントロールするのです。

第3章で解説しますが、「武器になる読書術」では、「今すぐわかりたい」という欲求を我慢して飛ばし読みしていくことが必要になります。

この際にも、この4つのステップが使えます。「わかりたい」という思いを抑えつけようとする必要はありません。むしろ、それを受け入れたうえで、「飛ばし読み」という行動を選択すればいいのです。それによってウィルパワーの限界を下げることなく、飛ばし読みを続けられます。

脳のメモ帳「ワーキングメモリ」の読書における活用法

次に、読書において重要な働きを担っている脳のしくみ、「ワーキングメモリ」を紹介しましょう。

「ワーキングメモリ」は日本語では**「作業記憶」「作動記憶」**と訳されますが、その働きから**「脳のメモ帳」**と呼ばれます。

今この瞬間も、本を読みながらあなたは「ワーキングメモリ」を使っています。今、目に入って読んだことを一時的に脳に蓄えたり、読むなかで記憶のなかから必要な情報、知識を思い出したりするときに、情報・知識を一時的に脳に蓄えておく領域です。

すぐに必要な情報を一時的に覚えてくれる非常に便利な記憶で、これなしには思考、計算などはできません。われわれの情報処理の中枢といっても過言ではないのです。

たとえば、次の2ケタ×2ケタの計算をやってみてください。

23×17＝？？？

そろばんに慣れた人や、よっぽど暗算に慣れた人でなければ、計算の途中経過を一時的に頭に留めておくことが必要になるでしょう。そのときに使っているのがワーキングメモリです。

この非常に便利な記憶であるワーキングメモリですが、残念なことにその容量は限られています。

たとえば、先ほどの2ケタ×2ケタの計算をしている際に、だれかに横から話しかけられて「薔薇《ばら》」という漢字の書き方を聞かれたとしましょう。あなたはどうなりますか？「薔薇」の漢字の書き方はさておき、横から話しかけられたり、「薔薇」という漢字を思い浮かべようとしたりするだけでも、頭がパンパン、いっぱいになる感覚に陥るでしょう。

これは、**ワーキングメモリがいっぱいになり、新たな情報が溢れたり、あまりの情報の多さにフリーズ（一時停止）したりした状態**です。

このように、ワーキングメモリというのは、すぐに新たな情報を覚えてくれる便利なものである半面、容量が小さいため、いくらがんばって新たな情報を押し込もうとしても記憶してくれません。それどころか、ワーキングメモリがうまく働かなくなってしまうのです。

読書でもこのワーキングメモリを使っており、いかに有効活用するかが、読書に集中し、記憶・理解を効果的・効率的にするカギを握っているのです。

集中のカギはワーキングメモリに負荷をかけすぎないこと

ワーキングメモリは情報処理の中枢として、読書における思考や理解に大きな影響を及ぼすだけではありません。読書に集中すること自体にも、実はワーキングメモリが大きく絡むのです。

どういうことかというと、ワーキングメモリにおいて、情報や知識を一時的に覚えておくことを可能にしているのが、**「注意」**だからです。

先ほどの2ケタ×2ケタの暗算のとき、途中経過の計算結果を記憶する際に、その計算結果に「注意」を向けている感覚がありませんでしたか？

ワーキングメモリが新しい情報・知識をすぐに覚えられるのは、この**「注意」を使って**

つなぎとめているからです。逆にいえば、「注意」が離れてしまうと、すぐに忘れてしまうのです。

この「注意」が本、読書への「集中」を支えています。

ワーキングメモリで一時的に蓄えている知識・情報が多くなればなるほど、そちらをつなぎとめておくための「注意」が必要となり、外への「注意」がおろそかになります。

つまり、新しい情報を一気に覚えようとしてがんばればがんばるほど、ワーキングメモリへの負荷が高まって、「注意」を使い、結果として「注意」が不足してきます。

その結果、本を読みながらの情報処理のスピードが遅くなるほか、本への「注意」が薄くなる。つまり、「集中」が途切れやすくなるのです。

このため、ワーキングメモリを効果的に使うこと、ここに負荷をかけすぎないことが、読書における理解の速さと質、そして本への集中を保つうえで重要になるのです。

スマホが机にあるだけでワーキングメモリを圧迫している

２０１７年1月、北海道大学で行われたスマートフォンと注意に関する実験結果が発表され、大きな反響を呼びました。

これは文字を探す課題にかかるスピードに、机の上にあるスマホが影響を与えるかどうかを測定した実験なのですが、スマホがあるかどうかで、見つけるスピードに影響が出ることがわかりました。ただスマホが机の上にあるだけで、集中力が変わるという驚きの結果だったのです。

なぜ影響するかは、「注意」、そしてワーキングメモリの観点から説明できます。

スマホが机の上に置いてあると、それが気になり、「注意」が使われます。このため、スマホが気になることでワーキングメモリが圧迫され、課題に割ける領域が少なくなるといえます。

つまり文字への集中が弱くなったと考えられるのです。

「飛ばし読み」がワーキングメモリ最大限の活用法

では、読書においてワーキングメモリを有効活用するカギは何か？

それはズバリ、**無理に新しい知識や情報を詰め込まない**ことです。

ワーキングメモリは小容量です。そこにどんどんと新たな情報を入れようとしても、記憶を保持するための「注意」というリソースは限られていますから、情報はただ、流れていくだけです。

そして、われわれは読書のときにこれをよくやりがちなのです。

たとえば、新しい分野の本を読もうとして、知らない専門用語が出てくると、頭がパンパンになってきている感じがある。でもそこをがんばって読もうとしているけれど、字面だけを追いかけている感じで、頭に残っていない。

これでは、とりあえず字面だけでも読んだ、がんばって読んだという自己満足感はあったとしても、その本の内容は残念ながらほとんど残っていません。

いわば、時間をかけた割には「報われない努力」になっているのです。

こういった状態になると、本に集中するどころではなくなってきます。

効果的な読書をする、本に集中するためにもワーキングメモリは重要であり、そのカギは、ワーキングメモリに新たな情報や知識を無理に詰め込んでしまわないことです。

では、ワーキングメモリに無理をさせず、新しい情報・知識を理解・記憶するにはどうすればいいのか？

その答えが、これまでの読書の常識を覆す読み方、「飛ばし&くり返し読み」。つまり、「武器になる読書術」なのです。

タイトルや見出しを活用して飛ばし読みしながら、くり返し読むなかでだんだんと細かく入っていく読み方は、ワーキングメモリの容量に余裕を持たせながら、効果的にワーキングメモリを使う方法でもあるのです。

大枠からとらえ、それを徐々に細かく展開しながら読んでいくことで、ワーキングメモリに一度に大きな負担をかけることなく、膨大な知識を記憶・理解することが可能になります。これは、**ピラミッド構造、階層構造で情報・知識を整理していく**ことになります。

実際、知識はワーキングメモリの制約から、大枠からトップダウンでだんだんと細部に入っていく階層構造に整理された形にならざるを得ません。

そして、知識を整理して伝えるメディアである本も、同じように階層構造になっています。

飛ばし＆くり返し読みの「武器になる読書術」は、脳、およびワーキングメモリに負担をかけることなく、ワーキングメモリの力を最大限に活用しながら、本の構造も使って、効果的に理解・記憶を進める方法なのです。

第2章

いつでもどこでも読み始められる読書のコツ

本に集中できない人が持っている読書への思い込みとは?

「なかなか本が読めないのです」

「忙しくて読書の時間が取れなくて」

そんな悩みや相談を聞くと、私はすぐ身も蓋もないアドバイスをしてしまいます。

「今、ほんの1分でもいいので、読んでみてはどうでしょう?」

そう言うと、読みたい本を持ち歩いていない人が多いのにまず驚きます。

本を持っていたとしても、さっと取りだして読み始める人は本当にわずかです。

そして多くの人から、

「はあ、まあ、そうですけれど……」

といったふうな言葉が出てきて、今すぐ読み始めることができないのです。

もちろん、こうやって偉そうに書いている私も、昔は同じような反応でした。

でも、たかが読書なのです。

ページをめくるのにすごい技術がいるわけでもなく、強い筋力がいるわけでもない。まして や特別な道具がいるわけでもない。読みたいならすぐ読めるし、読めばいい。

でも、なぜかすぐに読めない。ページをめくれない。

それは、学校教育をはじめとして、これまで生きるなかでたくさんの読書に対する前提をくっつけて、勝手に読書へのハードルを高いものにしているからなのです。

10万円の速読講座で得たものは「自由な読書」

今もありますが、速読法というか読書法として「フォトリーディング」という方法が流行ったことがありました。これは直訳すると「写真読み」となりますが、写真のように潜在意識に本を焼きつけ、記憶、理解するというものです。

序章で解説したように、読書において文字を認識するのは、われわれが持っている記憶を使って行うコラボレーション（協働作業）です。それをあたかも一方的にダウンロードするように写真読みすることは、認知科学や脳科学の知見から考えると、ありえません。

単なる幻想です（フォトリーディングについて、くわしくは『どんな本でも大量に読める「速読」の本』（大和書房）を参照ください）。

ただ、フォトリーディング講座を受講した人の多くは、満足しているというか、この講座が役に立ったことを認めているのも事実です。

で、何が役に立ったかよく聞いてみると、「読書のハードルを下げてくれた」ことが役に立ったといいます。

具体的には、「本は最初から順番に読まなくていい」「本はわからなくても飛ばして読んでいい」と、読書に対するこれまでの思い込みを外してくれたことだったのです。

あともう1つ、多くの人が言うのは、「読み手が読むための目的を設定していいんだ、読み手の自分のほうが主人公として好きに読んでいいんだ」という、いわば読み手の自由の解放といった点です。まさに読書への思い込みの呪縛を解き放ったことが、受講生の読者に役立ったのです。

本を遠ざける無意識の読書ハードルに気づこう

あなたに必要なのは、このようにあなたが勝手に設定している**「読書」への思い込み、とりわけ読書のハードルを高くしている思い込みを取り外す**ことです。

ただこれをするだけで、あなたは読書に対するムダな抵抗が起こらないようになり、読み始めるまでに必要な時間、そして使うエネルギーが少なくなってきます。


さて、あなたは読書に対して、どんな思い込みを持って、知らず知らずのうちに読書のハードルを高くしているのでしょう？

たとえば、こんな思い込みを持っていませんか？

「読書はきちんと姿勢を正して読まないといけない」

「本は丁寧に扱わなければならない。ましてや破ってはいけない」

こういったことが、まったく意味がないわけではありません。

「立腰」といわれますが、腰を立てて姿勢をよくすることで自律神経をはじめ、神経が整いやすいことが知られています。モノを丁寧に扱うのも基本的にはいいことでしょう。

ただ、こういったことで読書が堅苦しいもの、ハードルの高いもの、厳しいものになってしまい、あなたから読書、本を遠ざけているのも事実なのです。

まだ、カバーをつけて読んでいるのですか？

今はブックオフやアマゾンの中古本などもあり、本は買って、きれいに読んで売ろうという人が多いかもしれません。

本を売らないにしても、買った本にきれいにカバー（書籍本体を包んでいる外側の紙）をつけて読んで、書棚にきれいに飾っている人もいるでしょう。

写真集や美術書、好きな作家の小説ならそれもいいかもしれません。しかし、ビジネス書や専門書など、その本を読んで中身を活用することが目的の本であれば、それは非常にもったいないのです。

いわば、お菓子を買って、慎重に包み紙を開け、中身がどんなものかを確かめ、匂いを嗅いだりちょっと味見したりしたうえで、また元の包装に戻すようなものです。

これでは、そのお菓子を食べやすくはなりませんし、本当にそのお菓子を食べたとはいえませんよね。あなたは本に対して、そんなふうに読んだ「つもり」になっているだけかもしれないのです。

自己満足の「つもり読書」になっていませんか？

本というのは不思議な存在です。本を買っただけで、手に入れただけで何か自分に力がついたような錯覚というか、満足感があります。

昔、多くの家に箱のケースに入った立派な百科事典のセットがありました。まだそれを活用していないのに、何か賢くなった感覚になったことがあるかもしれません。

また、会社の社長室や応接室に行くと、ピーター・ドラッカーのマネジメントの本や、ハードカバーで立派な装丁が施された本が並んでいることがあります。それも「買う」「並べる」だけで満足しているのでしょう。このように、本は読まなくても満足感を生み出すともいえるのです。

また、たとえページをめくって読んだとしても、がんばって最初から最後まで読み通したことに満足してしまって、二度と目を通したり、くり返して読んだりしない人もいます。

また手に取って読むことで、自分が最初に読んだときに、いかに理解していなかったか、記憶していなかったかという事実と直面してしまうため、無意識に避けている場合もあるでしょう。

このように、買うだけで「読んだつもり」、一回読んだだけで「わかったつもり」「覚えたつもり」になっている、**自己満足の読書がかなり多い**のが現実なのです。

「読む」「わかる」を追求した実践的な読書術のために

これに対して本書の「武器になる読書術」は、「つもり」の読書ではなく、本当に効果のある読書にこだわったものです。忙しいビジネスパーソンが、単なる気休めや自己満足ではなく、実践的で結果に結びつく読書術です。

ゆったりした時間を確保して本を読むのではなく、ほんのちょっとのスキマ時間でも、すかさず本を手に取ってページをめくり、一気に集中したフルスロットル状態に持っていって読む技術です。

この読み方のためには、**書店でつけられたブックカバーはもちろん、本にもともとつい**

ているカバーも、邪魔以外の何物でもありません。そんなものはお菓子の包み紙と同じだと思って、さっさと破るなり、外すなりして捨てて中身に入っていきましょう。

カバーを大事にしたり、本自体を大事にしたりするというのは、本のこれまでの短い（ようで長い）歴史のなかで一時的に作られた思い込みにすぎないのです。

今は昔に比べて本の値段はどんどん安くなり、学校でも生徒一人ひとりが自分の教科書を持っていることが当たり前になっている世の中です。

そんな時代になって、昔からの「本を大切にしよう」なんていう思い込みに縛られている場合ではないのです。

本の表紙は破り捨てろ！

私は20年前から、本を買ったら一番外側にあるカバーを取るのがルーティンというか習慣になっていました。

これだけなら驚かれないかもしれませんが、５年ほど前からでしょうか、カバーを取ると同時に本の表紙を破ることもルーティンの１つになっています。

本の表紙というのは、カバーを取ったあとに現れる、少し厚めの紙で作られているあの表紙です。

当然ながら、表紙を破り捨てると本はページがよれやすくなり、傷みやすくなります。二度と中古本として売ることもできないでしょう。

では、なぜ私がさっさと表紙を破るかというと、まずはそのほうが、くり返し読みやすいからです。これは物理的に実感できるでしょう。

そしてもう1つの理由は心理面です。**本と読書へのハードルを下げられるから**です。本と自分の距離を近づけることができるのです。

あなたは人と話すときに、ビシッとスーツでキメた人と、リラックスして本当に腹を割って話ができるでしょうか？

本にカバーをつけて読んだり、（厚紙の）表紙をつけたまま本を読んだりしているのは、まさにそれと同じようなものです。

とりあえず「自分はこの本読んだよ」という自己満足というか、その程度の付き合いでいいのであれば、それでいいのかもしれません。

しかし、もしあなたが目の前の相手の本音を聞きたい、腹を割って付き合いたいと思っているのならば、仰々しい装いは脱ぎ捨ててもらって、付き合いましょう。

本の場合は、あなたが自由に付き合い方を決めることができるのです。

それでも抵抗がある方は、先ほどのお菓子のたとえを思い出してください。

いつまで、お菓子が入った箱や包み紙を大事にしようとするのでしょうか？

こう考えれば、カバーや表紙をつけたまま読もうとしている自分がなんだかバカバカしく思えてきたかもしれません。

そして、このほんの少しのハードルを下げることがあなたの読書との付き合い方を変え、あなたの読書を集中力が高いものにしていくのです。

ハードカバーを切り落とすことでガラッと読書が変わった！

偉そうに語っている私ですが、私が表紙を破り捨てるようになったのもせいぜいここ５年ほど前から。そして、ハードカバーの表紙を切り落とす（これにはカッターが必要です）ようになったのはほんの１年前のことです。

今振り返れば、なぜもっと早くしていなかったのか悔やまれます。

この「武器になる読書術」の土台となっている本の読み方はＫＴＫ（高速大量回転）法として、私が２００２年に開発したもので、もう15年も前のことです。

もともとは資格試験の勉強において、いかに速読を活用し、効果的・効率的な勉強をするかを実践研究するなかで生まれてきたものです。この勉強法においては、問題集やテキストの表紙を破り捨てることを、私は当時から当然のようにやっていました。それどころか、**ぶ厚い問題集やテキストをバラす、すなわち、解体して薄くする**こともしていました。

たとえば、５００ページの問題集であったら、きりのいいところで5つに分けて１００ページごとに分けるといった具合です。最近では受験生にとってだんだんと基本的テクニックとなっているようなので、すでにこれは実践されている人がいるかもしれません。

やってみるとすぐ実感できますが、これだけで勉強時間が確実に増えます。なぜなら、それまでは手に取るだけでも一仕事だったものが、楽に手に取り、ページをめくれるようになるからです。

そして、すでにこの本で解説しているように読書、勉強へのハードルが下がり、今まであれこれ悩んで始めるまでにかかっていた時間が短縮されるのです。

また、「よしやるぞ！」という、いわば自転車をこぎ出すところのエネルギーが、問題集やテキストが薄くなることで軽くなります。ムダにウィルパワーを使わないので、勉強を楽に続けることができるのです。

ただ、このように試験勉強では、ルーティンになっていた表紙の切り落としや本をバラすことが、日常の読書、本に対しては、できなかったのです。

今から考えれば、そこにはどこか本を神聖視する意識があったのだと思います。同時に、きれいに読んで売ろうという商売心というかスケベ心があった気がします。

今となっては、最近までハードカバーの本の表紙を切り落とせなかったことで、時間とエネルギーをムダにしたと思っています。

ハードカバーの表紙を切り落とすようになってから、**ハードカバーの本に対するハードルが一気に低くなって、読むスピードも理解の深さも一気に向上**しましたから。

ソフトカバーより、ハードカバーの本のほうが表紙を切り落とすハードルは高いですが、その効果はより強く実感してもらえると思います。

あなたが、本と本当に付き合いたい、本当に読みたいと思っているなら、迷わずカッターを手元に常に置いて、表紙を切り落とすのをルーティンにすることをオススメします。

何年か前に、ある経済学のハードカバーの本がベストセラーになりました。トマ・ピケティの『21世紀の資本』（みすず書房）です。テレビや雑誌、新聞、もちろんインターネットでもさかんに取り上げられたので、「よし、読んでみるぞ！」と買った人もいるのではないでしょうか？

定価5500円（税別）にもかかわらず、発行部数は13万部を突破したといわれています。あなたも買って手元にあるかもしれません。

で、この本、読み終わりましたか？　本の内容を覚えていますか？

この『21世紀の資本』に限らず、これまであなたが読みたいと思って買った、ちょっと難しめのハードカバー本があれば今すぐ取り出して、表紙を切り落としてみてください。

これまでの「読書」とはかけ離れているかもしれませんが、こういった行動こそが、あなたの読書を進化させ、量・質ともに向上させてくれるのです。

読書は「時間があるときにするもの」ではない

私が読書法を学んだ師の一人に松岡正剛・編集工学研究所所長がいます。本を軸に縦横無尽に社会・政治・科学などのテーマを語るWEBサイト「千夜千冊」をご覧いただければ、その読書量のすごさがわかるでしょう。自他ともに認める読書家の一人です。

私は松岡正剛所長直伝の「世界読書奥義伝」なる講座を受講し、この読書家の思考法、読書法、本との付き合い方をまざまざと間近で見ました。

その読書法は『多読術』（筑摩書房）などの著作で解説されているので、ぜひ読んでもらいたいのですが、私の印象に残っている言葉はこれです。

「疲れていないときも本を読む、疲れているときも本を読む」

要は**いつでも読む**ということです。

また、松岡さんは、本を読むことは毎日食事をとるようなもので、欠かせないものだともいっています。

どんな人でも食べることはかなり優先順位を高く考えていますよね。

毎日の食事が多くの人にとって習慣になっているように、松岡さんは**読書自体を毎日の生活のなかの習慣にしている**のです。

これだから読めるわけです。

「そんなに読書が好きなら苦労しないよ」

「嫌いだけど本を読む必要があるから、困っているのに」

こう、思われるかもしれません。

実は本書で紹介するさまざまなテクニックをはじめ、もっと読書するため、集中して読書するために必要なのが、この松岡さん、そして多くの読書家が持っているマインドというか前提なのです。

あなたが読書に対して食事と同じようにとらえれば、勝手に読書をします。本書で解説しているようにそれによって否が応でもストックが身につき、読書は楽になり、それがあなたの読書をサポートして、さらに読書を楽に自然に行ういい循環に入っていくのです。

「時間があるときに」という思い込みは読書を遠ざける

あなたはどんなときに読書しようと思うか、どんなときに読書はやめておこうと思うか、実際に読書しているとき、読書していないときなどの、自分自身の行動パターンや思考パターンを一度ふり返ってみてください。

多くの人が持っている読書の条件は、「時間が取れるときに読む」というものでしょう。

これが、あなたが読書時間を減らしている、集中して読書することを妨げている最大の思い込みといってもいいのです。

私もそうでしたが、読書というと、なんだかゆったりとくつろいでいるときにするものというイメージがありませんか？

「緑陰読書《りょくいんどくしょ》」なんていう言葉もありますが、木陰でゆったりと本を読む……。喫茶店でゆったりとコーヒーを飲みながら本のページをめくる。なかには、通勤電車で座って本をゆっくり読むというイメージを持つ人がいるかもしれません。

この「時間があるときに読書する」、もっというと「ゆったりできる時間があるときに読書する」という、われわれが知らず知らずのうちに持っている思い込みが、読書する時間を限定し、結果的に本を読めなくしているのです。

なお、これも多くの人が経験していると思いますが、実際ゆったりと時間を取れるときに、では読書するかというと思っていたように読書できないものなのです。

これは読書に限らずそうかもしれません。「時間ができたらやろう」と思っていても、いざ時間ができると、なんだかボーッとしてしまう。あっという間に時間が経ってしまって、「ああ、しまった！」となることが多いように思います。

「時間ができたら……」という思い込みは読書に限らず、行動を先送りし、そして行動する限界を勝手に設定するものです。

とりわけ読書についてはこの思い込みに侵されている人がとても多いので、読書をしたいと思いながらできない人が多いのです。

読書家が持っている読書マインドとは？

では、どうすればいいのかというと、先ほどの松岡さんの読書の条件のように、**できる**

だけ広く読書する条件を取ることです。

「疲れていても、疲れていなくても読書する」というように、「いつでもどこでも、どんなときでも読書する」という前提を持つことです。

松岡さんをはじめ、私もかなりの読書をしてきて、読書自体の経験というストックはもちろん、知識という面のストックも多いです。そのため本を読むことに抵抗が起こらず、楽でハードルが低いので、いつでもどこでもどんなときでも本を読むことが可能です。

ただ、これまで読書をしてきていない人でも、語彙を含めた知識が少ない人でも、このように「いつでもどこでも読書する」といった、**読書を〝気軽に〟とらえることができれば実際にどんどん読書ができる**ようになります。

読書できない、読書しない人ほど、読書というものはこうあるべきという思い込みを持っています。そして読書できる、読書する人ほど、読書というものをもっと気楽にとらえています。

読書を気楽なものとしてとらえる、ハードルを下げることが、あなたが読書する、しかも集中して読書するためのカギとなります。

「飛ばし&くり返し読み」で読書のハードルを下げる

表紙を破る・切り落とすといった非常に即物的な方法から、読書家と一般の人が持っている、読書への思い込みの違いに注目する心理的な方法まで、読書のハードルを下げるコツを紹介してきました。

これだけで、あなたの読書量は増え、月に1冊はもちろん、すぐに10冊、何十冊と増えていくでしょう。

そして、忘れてはならないのが**「武器になる読書術」＝「飛ばし&くり返し読み」**ということです。この読み方そのものが読書へのハードルを下げてくれます。

たとえば飛ばし読みをするということは、とりあえず、自分が引っかかるもの、興味のあるものを無理なく引っかけていくことです。

飛ばし読みをする際にガイドとなってくれるのが、章の「タイトル」であり節の「見出し」、さらには「小見出し」です。もちろん、本のタイトルやサブタイトルも使えます。

タイトルや見出しだけに注目をして読んだり、自分の興味の引っかかるところを読んだりする読み方が、実は読み手の脳にやさしい、読み手が理解・記憶しやすい読み方となるのです。

この「タイトル」「見出し」という、物事の理解に重要な項目が、一堂に会している場所があります。

そうです。**「目次」**です。

目次はその**本の柱となる情報が、少ないページ1つに集まっているところ**です。

「目次」は本を効果的・効率的に読むためにも、そして脳に負荷をかけないためにも非常に重要な部分です。

また、目次の少ないページというのは実は、読むハードルを下げるためにもすごく重要なポイントです。とりあえず、これぐらいのページ数なら……とめくる気になるでしょう。

目次を活用することで読書を一気に楽にすることができます。

第3章

止まらずに読み終える人の「本との向き合い方」

「理解しなきゃ！」が読書ブレーキを生む

本を読み始めても集中できないで途中で投げ出してしまうというあなた。

本を読むことをただ**「ページをめくること」**と単純に考えてみてください。

あなたは、この本のページをめくる、そしてめくり続けることはできるでしょうか？

ページをめくるだけであれば、特別に強い力が必要なわけでもなく、200ページほどの紙をめくり続けるのは特に体力がいるわけでもありませんから、これは問題なくできますよね？

とりあえず、見開き1秒くらいのペースでめくってもらって、めくり終わったらまたここに戻ってきてください。

さて、ここでもページをすぐにめくり始められた方、なかなかめくれなかった方、めくり始めたけれど途中でめくるのをやめてしまった方、いろいろだと思います。

ページをめくることができた方、おめでとうございます！　本の内容を理解できたかどうかはさておき、あなたは1冊の本をめくることができたわけです。これを「本を読めた」とはいわないかもしれませんが、まだ本を読む前に比べたら、確実に「本を読めた」という状態に近づいたことは確かです。

「ブレーキ」の正体を知ることからはじめよう

そしておそらく、ページを最後までめくることができなかった方も、かなりおられるでしょう。

あなたがページを最後までめくれなかったのは、ページをめくりながら「何のためにするのか全然わからない」「わからないのに読んでも仕方ない」など、いろいろな思いが湧き上がってきたからかもしれません。ページをめくろうとすると、ページをめくるのをやめさせよう、そのスピードを落とそうとする、いわば**「ブレーキ」**がかかってくるのです。

また、この本では楽にページをめくることができた人も、少し難しい本、未知の分野の本であれば、「ブレーキ」がかかるのではないでしょうか。

本をサクサク読む、途中で投げ出さずに読むためには、知らず知らずのうちにかかってしまう「ブレーキ」の正体を知ることが必要不可欠なのです。

「わからないこと」にぶつかったらどうするか？

なかなか本が読めない、集中できない、読み進められないと思っているのであれば、まずはすぐに本を開けるか、ページをめくれるか、めくり続けられるかに注目して、**まずは本を開くこと、ページをめくることに慣れる**ことです。

本を開ける、ページをめくることが楽になる、さらには習慣になれば、あなたは本を開く、読み進めるのが楽になります。

すると、これだけのことでもあなたは読書にこれまで以上に集中でき、読み進められるようになるのです。

このページをめくるという単純な行動に、やはり躊躇《ちゅうちょ》する人もいるでしょう。

これが、もし何も書かれていない白紙の束だったら、めくるのは楽ですよね。もちろん、「何の意味もない」と思ってめくる気がなくなるかもしれませんが、最初の抵抗はなくなると思います。

本には文字が書かれています。そこに対して〝ある思い〟が生じるため、ページをめくることに抵抗を生むのです。

それは、**読んでも「わからない」**という思いです。

集中の分かれ道は「わからない」との向き合い方

多くの人にとって本を読むときの最大のブレーキとなるのが、この「わからない」なのです。

本を読んでいて、「ここ、どういうことだろう?」と思ったとき、おそらく、ほとんどの人が、そこで読むスピードを落として、がんばって「わかろう」とするでしょう。また、「わからない」と思った箇所を何度も何度もくり返し読む、いわゆる「返り読み」をしながら、「わかろう」とするでしょう。わからない言葉をインターネットや辞書で調べようとして、止まってしまうかもしれません。

そこがわかればまた読み進められますが、もし「わからない」がわからないままだったとき、多くの人はそこで止まってしまいます。

本に対する集中が途切れ、そこで本を投げ出してほかのことを始めてしまう。

そんなことによく陥るのです。あなたにも身に覚えがあるでしょう。

「わからない」と思った瞬間に、ほとんどの人にとってはそれが読み進めていくうえでの「ブレーキ」になって、読むスピードを遅らせる、さらには読むことを止めてしまって、自ら本への集中を途切れさせてしまうのです。

「わからない」をブレーキからアクセルへ

もちろん、「わからない」がない、ほとんどない本であれば、つまり、あなたがよく知っている内容の本や簡単な本であれば、「わからない」が起こらないので、遅くなったり、止まったりすることはないかもしれません。

でも、本というのは新たな知識や未知の分野に挑むために読むことも多いですから、この「わからない」を完全になくすことはできません。

「わからない」が本を読むうえでブレーキになっている限り、集中して読書することは夢

のまた夢となってしまうのです。

「武器になる読書術」では、多くの人にとってはブレーキになってしまう「わからない」を、ブレーキどころか逆に加速させる「アクセル」に変えていきます。

本への集中を途切れさせずに、高い集中を保ったまま、一気に本を読み切るためのポイントが4つありますので、紹介していきましょう。

ポイント1
今すぐわかろうとせず読み進める

まずは、今お伝えしたことそのままですが、「わからない」と思った瞬間に、これまでは反射的にブレーキを踏んでいたところを、逆にアクセルを踏んでスピードを上げる、つまり飛ばし読みをするのです。

「そんなことをしたら、わからないままじゃないですか？」

そう言われるかもしれませんね。

はい、その通りです。確かに「わからない」ままにして進むのは最初は慣れないので居心地が悪いかもしれませんが、そこをあえて飛ばして前に進むのです。

ただし、「わからない」ままでいいというわけではありません。

ただ、**「今すぐわかろうとしない」**だけです。

これまで「ブレーキ」をかけていたところを、逆に「アクセル」を踏んで、飛ばし読みするようになると、当然ながら読むスピードは速くなります。すると、本を1回読む時間が格段に短くなります。もちろん、1回読んでもわからないところをわからないままにして終わったら、単なる雑な「飛ばし読み」になってしまいますが、「武器になる読書術」は1回読んで終わりではありません。くり返し読みです。1回でわかろう、今すぐわかろうとはしないのですが、**くり返し読むなかでわかろう、だんだんとわかろうとしていく**のです。

この読み方が本に対する集中を途切らせることなく、高い集中力を保ったまま本を読み進め、短い時間で理解を伴いながら読み切ることを可能にするのです。

「わからないところをわかるようにしないと、前に進んでもどんどんわからなくなるだけでしょう」と思う方がいるかもしれません。

実は、わからないところを「今すぐわかろう」としたり、「がんばってわかろう」とすることのほうが非効率なのです。

そこには理由が2つあります。

1つは、わかるための材料が少ないなかでわかろうとするから。

もう1つは、第1章でお伝えした「ワーキングメモリ」を圧迫した状態でわかろうとするからです。

わかるためのヒントは必ず先にある

あなたはこんなことがないでしょうか？　わからなかったことが、何か別のきっかけで「ああ、なんだそういうことか」というようにわかった体験です。

わかるための材料が先にあったにもかかわらず、わざわざそこに行くのを遅らせ、止まっていたために、わかるのが遅くなっていることが実はよくあるのです。

ビジネス書のように知識やノウハウを紹介した本、そのほか小説以外の一般書、専門書といわれる、情報・知識を解説・紹介するものでは、著者が伝えたいことをいろいろな形で言い換えながら、くり返し主張しています。

抽象的にまとめたり、逆に具体的事例で展開したり、別の角度から説明したりしているものです。

こういった場合、あるところの説明でわからないにしても、別のところの説明でわかるのです。ですから、わからないところでわざわざブレーキをかけて、がんばって今すぐわかろうとするよりも、すぐにわからないのであれば、そこはさっさと飛ばして、自分にとってわかるように書いてあるところと出会うために前に進むほうが合理的なのです。

飛ばし&くり返し読みは「ワーキングメモリ」の有効活用にもなる

第1章で解説した通り、「ワーキングメモリ」は新しい情報を一時的に蓄える領域で、その容量が少ないのが特徴です。

ワーキングメモリの容量がいっぱいになると、せっかくワーキングメモリに入った新しい情報が既存の記憶に結びつけられることなく、どんどん押し出されていくことになります。

これでは、いくらがんばってわかろうとしても、振り返れば「何にも残っていない」という残念な結果になってしまうのです。

つまり、「わからない」ときに、今すぐわかろうとしてがんばって新たな知識・情報を押し込もうとしても、それは単にワーキングメモリを圧迫し、フリーズさせるだけで報われないのです。

一方、飛ばし&くり返し読みをするなかで、だんだんとわかろうとする読み方は、ワーキングメモリに無用な負担をかけません。

まずは読みやすいところ、興味のあるところ、つまり**既存の記憶と結びつきやすい新たな情報・知識を読んで、それを新たな記憶にしていきます**。既存の記憶と結びつきやすいので、ワーキングメモリをムダに使わなくてすむのです。

ワーキングメモリに余裕を持ちながらわかろうとするから、効率的であり、効果的にわかることができるのです。

飛ばし&くり返し読みは、新たな記憶を脳に蓄えながら、だんだんと、既存の記憶と結びつきにくい新たな情報・知識を取り入れていくことができるのです。

ポイント2
「わからない」をエネルギーに変える

「今すぐわかろうとしない」ためには、「わからない」をすぐに解消しようとするのではなく、それを抱えていくことに慣れることが必要になります。

ほとんどの人は「わからない」があると気が重くなり、それを解消したくなるようです。

でも、「わからない」を「重し」のようにネガティブなものとしてとらえる必要はまったくありません。

「わからない」をすぐに解消する必要はまったくなく、うまく抱えれば、本への集中、読書への集中を保ってくれる大きなエネルギーとなってくれるのです。

「わからない」ということは、その裏返しに「わかりたい！」という思いをもたらします。

これが本への集中をもたらすので、すぐに解消する必要もないわけです。

すぐに答えを知ろう、わかろうとするのではなく、「わからない」を楽しみ、「わかりたい」という思いを持ち続ける。いわば、**好奇心を持ち続けることが、本への集中力を持ち続ける秘訣**といえます。

学校の勉強や試験であれば、「わからない」は大変で避けるべきで、すぐに解消したいことかもしれませんが、その存在にワクワクするようになればしめたものです。

そもそも、ノーベル賞受賞者などを見ていても、「わからない」、そして「わかりたい」という思いを粘り強く持ち続けた人といえるのではないでしょうか。

せっかくぶち当たった「わからない」を、すぐに答えを求めることで解消しようとするのではなく、「わからない」を楽しみつつ、その気持ちを持ち続けることが、結果的に「わからない」を楽に、そして速く解消することになるのです。

「わからない」に焦ることなく、楽しむ心の余裕を持ちましょう。

「わからない」に気づくことは大きな前進！

さらにいうと、何が「わからない」かが〝わかる〟ことはとても大きな前進なのです。

というのも、「わからない」となる前は、何がわからないか、どこがわからないかもわからない状態だったわけです。その状態よりは、確実に前進しています。

人が何かを学習するステップを解説する際によく使われるフレームワークに、「学習の4段階」（ラーニングステップ）と呼ばれるものがあります。

4段階が何かというと、

①できないことを知らない（無意識・無能力）
②できないことを知っている（意識・無能力）
③意識すればできる（意識・能力発揮）
④意識しなくてもできる（無意識・能力発揮）

となります。

これと同じようなことが、理解においてもいえます。

①わからないことが何かわからない（無意識・無理解）
②わからないことが何かわかっている（意識・無理解）

③わからないことがわかるようになる（意識・理解）

④わかっていることを知らない（無意識・理解）

このいわば「理解の４段階」でいうと、「わからない」というのは確実に第二段階になっているわけで、喜ぶべきことなのです。

また、「わからないこと」がわかっているといっても、その「わかっている」程度はさまざまです。

「わからない」ことがわかっていても、そのなかの何がわからないかがわからないということはよくあります。

たとえば、ある段落の意味がわからないとき、そのなかの「どの部分」がわからないのかが絞り込まれていない状態です。

この「わからない」がはっきりわかっていない状態が、くり返し読みをしていると、どこがわからないかが明確になってきます。

あなたも、「そうか、自分はここがわからなかったんだ！」とわかった経験があるかもしれません。

このように「わからない」ことが理解への大きな一歩と前向きにとらえられるようになれば、より楽に「わからない」を抱えられるようになります。

ポイント3
「わからない」を好奇心に変える

あなたはこれまで、知らず知らずのうちに、「わからない＝よくないこと」ととらえていたかもしれません。

しかし、すでにおわかりのように、「わからない」はよくないことではなく、よいことです。「わからない」を前向きにとらえることで、「わかりたい」という好奇心が生まれ、それが読書を進めていくことを可能にするのです。

つまり、「わからない」はなくそうとするものではなく、むしろ積極的につくり出していくものともいえるのです。

では、どうすれば「わからない」を前向きな好奇心に変えることができるのでしょう？

それは**「問いに変える」**ことです。

「〇〇って何だろう？」と出てきた言葉を質問に変えることで、好奇心の扉が開き、強くなっていきます。そのためには、本をきっちり読むよりも読まないほうが重要な場合があるのです。

本文よりもまず「目次」をチェック

問いに変えるうえで使えるのが、

- 本のタイトル
- 見出し
- サブタイトル
- 部や章のタイトル
- 節見出し
- 小見出し

などです。これらのタイトル・見出しはそのまま「問い」になっているものもありますし、そこにただ「?」を最後につけるだけで「問い」になります。

この本でいうと、「武器になる読書術」とは？　と、「とは？」をつけるだけで問いになります。

目次は問いの宝庫！「わからない」を積極的につくり出そう

目次のなかにはタイトル・見出しが集まっています。目次はいわば「問いの宝庫」であり、目次を見て、そこにあるタイトルや見出しを問いに変えていくことで、どんどんと「わからない」が増え、「わかりたい！」という好奇心エネルギーを増やすことができるのです。

本を読むというと、いきなり「本文」を読むことが普通ですが、もしあなたが本への集中が弱い、好奇心が弱いと思ったら、本文を読むのはいったんやめて、目次に戻ってタイトルや見出しを見て、問いに変えて、「わからない」を積極的につくり出すことです。

もちろん、目次ではなく、ページをパラパラとめくりながらタイトルや見出しを引っかけて問いに変えていってもかまいません。

まずは「今すぐわかろう」とするよりも、「わからない」を積極的につくり出すこと。そのためにも本文をすぐに読むより読まないこと、タイトル・見出し、目次だけ読んで問いに変えることが重要なのです。

「じらす」ことで「わかりたい！」思いを高める

タイトルや見出しを問いに変えて、自由に「わからない」をつくり出し、「わかりたい！」エネルギーを使いこなせるようになると、本や読書への集中を自分自身で自由自在にコントロールできるようになります。

興味がないなあと思うような本でも、**少しでも自分の興味に引っかかる言葉やタイトル・見出しを見つけたら、すかさず問いに変えてくり返せばいい**のです。

すると、だんだんと興味が高まり、好奇心が強まって、本への集中、意識が高まっていきます。

このように今すぐわかろうとせず、問いに変えるところで止めておくことは、「じらす」ことを行っているともいえます。

「わからない」から「わかりたい！」という思いが強まると、それをわかろうとして本文を読もうとするわけですが、そこをすぐに読まないで、あえて「じらす」ことで、さらに「わかりたい！」という思いを強めていくのです。

このためにも、「今すぐわかろう」としないことが重要になります。

「なるほど……そうか」とわかったら、さらに深く突っ込もうとするのをあえてしないで、「わからない」状態を持って前に進むことも、集中力を維持し、さらに深く前に読み進めるうえでは重要です。

ポイント4　「わかった！」を積極的に集める

「わからない」を「わかりたい！」というエネルギーに変えて、本に集中して読んでいく「武器になる読書術」。さらにもう1つ、集中するために活用するエネルギーがあります。「わかった！」という喜びのエネルギーです。

いくら「わからない」がいいとはいえ、ずっと「わからない」ままでは、ストレスが溜まって、最後には投げ出してしまうでしょう。

「わかりたい！」を抱えつつ、そこから「わかった！」と、理解がだんだんと進んでいくからこそ、さらに読もうという意欲が湧いてきます。

たとえ新しい分野の本、未知の分野の本のなかでも、あなたにとってわかるところ、わかりやすいところがあるでしょう。まずはそこを積極的に確認し、拾って、「ここはわかっている」「ここはあれだな」と確認していくのです。

これは単にわかっているところを確認していて、何の進歩、意味もないように思われるかもしれませんが、そうではありません。

そうやって、**自分がすでに知っているところ、わかっているところを読むことは、自分の記憶のそれらに関連する脳の領域を刺激し、活性化させています。**

活性化していくことで、本を読んでいるなかですでに知っているところ、わかっているところはすぐに思い出せるようになります。これによって、ワーキングメモリの負荷を減らして、まだ知らないところ、わかっていないところを読む、そして理解する余裕を生み出すことができるのです。

すでにわかっていること、知っているところを確認するのは、わからないこと、知らないことを理解するために必要不可欠なのです。たとえある程度知っていること、わかっていることであったとしても、「わかった！」というのは確実に読書を進めていることであり、喜ぶべきことなのです。

すぐに得られる「わかった！」が実はたくさん本のなかに転がっているのにもかかわらず、多くの人がその「わかった！」を拾い上げて、活用できていません。せっかくの「わかった！」と思えるチャンスを流してしまっているのです。

トップセールスパーソンはこうして「わかった」を増やしていく

「わからない」が「わかった」に変わるときを、セールスのたとえで説明しましょう。

私は15年ほど前に、アメリカ生まれの「高確率セールス」(High Probability Selling)というセールス手法の日本導入に携わったことがあります。このセールス手法は、さまざまな業界の300人以上の優れたトップセールスパーソンの実際の行動、考え方を観察して生み出された究極の効率的・効果的なセールス法といえるものです。

そのなかに、今すぐ買ってくれるお客を発掘するためのやり方があります。それは見込み客リストに片っ端から電話をして、20秒という短い自己紹介&商品説明で、見込み客の購買意欲を確認していくというものです。

その詳細は『売り込まなくても売れる!』『売り込まなくても売れる! 実践編』(どちらもフォレスト出版)に譲りますが、そこでは、たくさんの「今すぐ買いたくないお客」と出会うことになります。つまり、「そんな商品・サービスはいらないよ」と断られるわけです。

普通であれば、セールスとして商品・サービスを売りたいわけですから、売り込む側はいい気分にならないものですよね。しかし、この高確率セールスでは、そういった「こんな商品・サービスはいらない」ということがわかったことを淡々と受け入れていくのです。

なぜそんなことができるかというと、「今、この見込み客はこの商品・サービスがいらない」ことがわかったと、**きちんと情報収集できたことを喜ぶ**のです。

そうやって落ち込んで止まることなく、どんどんと多くの見込み客に電話をしながら、そのなかで数少ないけれども確実に存在する「今すぐこの商品・サービスを買いたいお客」と出会って、成約をしていくのです。

そして、「こんな商品・サービスはいらない」といった見込み客に対しても、1か月程度の間隔を空けて、また電話をしていきます。すると、そのときは「こんな商品・サービスはいらない」と言っていたお客のなかに、「あ、今それほしいかも」というお客が現れるのです。

つまり、「わからない」というのもその時点では大事な情報であり、そこは突っ込むところではない、今すぐ読むところではないということを知らせてくれるサインなのです。

そして、そのあとさまざまな情報に触れて、「わかった」が訪れる可能性が必ずあるということなのです。

「全然わからない」を捨てて、「ほんの少しでも」わかったところを拾う

「わかった！」を積極的に拾っていくための魔法の言葉があります。

それは**「ほんの少しでも」**です。

「ほんの少しでもわかったところは何だろう？」

「ほんの少しでも覚えたところは何だろう？」

こんな問いを自分に問いかけながら読んでいくのです。

脳は「究極のエコ装置」なんていわれたりもしますが、できるだけ楽をしようとしています。そのため、こんな言葉を使いがちです。

「全然……ない」

このような「全然わからない」「全然できない」といった、全否定をしてしまいがちになるのです。なぜなら全否定してしまえば、そのあとは考えることが不要になるからです。

ただ、「全然わからない」という言葉をそのまま使っていると、せっかくわかったこと、覚えたことがあるのに、この「全然……ない」という言葉で少しでもわかったところもすっかり流してしまいます。これは非常にもったいない話です。

なので、ここでついつい「全然……ない」と言ってしまいそうになるところを抑えて、意識的に「ほんの少しでも」わかっているところ、覚えているところを拾っていくようにするのです。

記憶も理解も「芋づる式」！　焦らず「わかった」を集めよう

脳の神経細胞同士はお互いが網の目のようなネットワークを作って、膨大な情報・知識の記憶・理解を可能にしています。

１つの神経細胞が数千から数万にも及ぶほかの神経細胞とつながっているというのですから、網の目といった表現でも追いつかないくらいです。

ある神経細胞が活性化するとそれにつながっている神経細胞も活性化し、さらにそれにつながっている神経細胞も……という具合に、あるきっかけによって活性化が一気に広がっていきます。

あなたはこんなことがありませんか？

ある昔の記憶を思い出したら、それに関連する記憶がどんどんと思い出されてきたこと。

また、あることが理解できた瞬間に、ほかのことも「あれもそういうことか」と理解が一気に進んだこと。

このように、**記憶も理解も芋づる式**になっています。

ですから、「ほんの少しでも」という問いかけで、拾い上げた記憶、理解がきっかけとなってどんどんとわかっていくこと、覚えていることが明らかになっていくこともよくあるのです。

こうやって「わかった！」を拾い上げて活用することで、集中状態を継続することが可能になります。

「武器になる読書術」は、ゴロゴロと転がっている、この「わかった！」を積極的に拾ってエネルギーに変えることで、集中して読み続けていけるようになるのです。

第4章

「潜在記憶」と「本の難易度」を操り、集中をキープする

「質問」があなたの意識をコントロールする

ここでは、さらに本に集中し、読書スピードを加速させるコツを紹介します。

その1つは、「何だろう?」と好奇心を持つ、問いを持つことです。

好奇心や「問い」については、第3章の「わからない」をブレーキからアクセルに変えるところでも、お伝えしました。

本章では、「問い」を集中という観点から、さらにくわしく解説していきます。

ここで、ちょっと実験です。

私がサインペンを持っていて、

①「このペンは何色でしょう?」

②「このペンは赤色です」

と言った場合、あなたは①と②のどちらの場合に、よりペンに集中するでしょうか？

①の場合、きっとあなたは「何色だろう？」と思って、ペンのほうに意識をグッと向ける、つまり、集中しますよね。

②のように、ただ事実を言っただけのときと比べてもらえれば、よくわかるでしょう。

このように、人は問いを投げかけられると、その**問いの対象に意識を向け、集中が高まるという性質があります**。

集中を高く保ったまま読書できる人は、このしくみを意識的に、もしくは無意識に使っているのです。

では、どうすれば問いを持って読めるかということですが、それはほんの少しでもその本を読み、「問いに変える」ことです。タイトルでも見出しでも、好きなところでいいので、どこでも何かしら読む。そして、読むなかで引っかかった言葉を使って、「〇〇って何だろう？」と問いに変えていく。

これによって、その本に対する集中力が高まるのです。

問いに変えるためにも、がんばってわかろうとしないことがポイントです。がんばってわかろうとしないからこそ、「問い」が明確になります。

「問い」を持つことを恐れている自分に気づき、認めよう

この「問い」を持つというのが、簡単なようで案外難しいものです。

なぜかというと、「問い」を持つというのは、人によって自分自身の存在を脅かす危険なものに思えるからです。

なんだか、大げさな話に思われるかもしれませんが、学校の授業や何かの講演・研修を思い浮かべてください。あなたはその場で質問したり、「○○がわからないのですが……」と発言したりすることを抵抗なくできるでしょうか？

おそらく、多くの人が少し躊躇するでしょう。また、「よく知っている仲間うちであれば言えるけれど……」という人もいるかもしれません。

そうなのです。「わからない」ことを認めていく、「問い」を持つというのは、ちょっと

怖いことなのです。自分を弱い状態、不安定な状態に持ち込むことになるからでしょう。

古くはソクラテスの「無知の知」もそうですし、「知らないことを知っている」というのはとても重要なのですが、実際問題、なかなか難しいものなのです。


では、この問いをどうしたら持ちやすくなるかというと、先ほども「気心の知れた仲間うちであれば……」と思ったように、**その場が安心・安全であればあるほど、「わからない」を認め、「問い」を持ちやすくなる**のです。


でも、よく考えてみれば、学校の授業や講演・研修の場と違って、今考えたいのは「読書」というまったく一人の個人的な場です。そこではだれも責める人やバカにする人はいないのですから、とても安心、安全な場ですよね。

ただ私たちは、一人で本を読んでいる間も、どこかで昔の学校の授業の思い出や、講演や研修の場を想定して、一人で勝手に自分以外の人の存在を思い浮かべて、怖がっているのです。

その結果、わからないことを認めず、問いを持つのを怖がってしまっています。

こんな、ある意味バカバカしい状況を認めてしまえば、あなたは自分の「わからない」

を認め、「問い」を持ちやすくなるでしょう。

「努力すればわかるようになる」と思えるか

「わからないのは、自分の頭が悪いからではないのでしょうか？」
「がんばっても今の自分では理解できない気がします」

こんなふうに思う人がいるかもしれません。

難しい本を読もうとしたとき、このように何かわからないことがあると、すぐに自分自身の頭の悪さなど、能力のなさに結びつけて、「問い」を持つのではなく落ち込んで、自分の能力のなさ・才能のなさを嘆く人がかなりの割合でいます。

このパターンにハマっているとどうなるでしょう？

本を読んでいて「わからない」ことがあっても、問いに変えない、そこに興味を持って本を読み続けないわけですから、わかるようになる確率はきわめて低いことはおわかりでしょう。

このような思考パターンだと、その人が思っているように「自分は頭が悪い・能力がない」ということを裏づけるというか、助長するような行動をとって、結果的に予想が実現してしまうのです。


これは、スタンフォード大学の心理学教授であるキャロル・ドゥエック氏が、**「硬直マインドセット」**と名づけているもので、人は持って生まれた才能・能力を持ち、それが大きな影響を与えていると考えられています。このマインドセット（考え方）を持った人は、パフォーマンスの原因をすぐに人の持って生まれた能力・才能に結びつけて考えます。

するとどうなるかというと、「わからない」をはじめ、自分が「できない」という体験は、自分の持って生まれた才能・能力の限界を突きつけられる、非常に怖い体験になります。そして、このマインドセットでは、やればできる、努力すればできるというのとは真逆の考え方なので、自分の「わからない」や「できない」を認めるのに抵抗を示すのです。

また、自分の「できない」「わからない」とできるだけ向き合う、出会うのを避けるために、積極的にチャレンジすることもなくなってしまいます。

「やればできる」成功体験を積んでいく

この「硬直マインドセット」と対になっているのが**「しなやかマインドセット」**です。

このマインドセットは、ひと言でいうと**「やればできる」というマインドセット**です。努力すれば、だんだんとできるようになると考えるので、実際に努力します。努力すると何かしらできるようになっていきますから、実際に多くのことを身につけられるのです。

もちろん、持って生まれた才能がまったくないということはありえませんし、環境の要因もあります。とはいえ、自分のできないところは何か、できているところは何かと真摯《しんし》に向きあい、フィードバックを得て努力していけば、少しずつかもしれませんが必ずできるようになっていきます。

そして、この「しなやかマインドセット」を持った人は、実際に「やればできる」という成功体験を積むことで、より一層「しなやかマインドセット」になっていくのです。

もうおわかりのように、自分自身の「わからない」を認め、「問い」を持ちやすいのは、この「しなやかマインドセット」の人です。

そのため、「しなやかマインドセット」に変えたいところですが、「硬直マインドセット」の人は、「もうこのマインドセットは生まれつきで変えられない」と思いがちです。

さて、困りましたね……。

ここで読書、とりわけ「武器になる読書術」の出番です。

なぜなら、読書というのは一人だけの安心安全な場であり、「硬直マインドセット」から「しなやかマインドセット」へ変化するための絶好の場だからです。

また、すでに解説したように、この「武器になる読書術」では、「ほんの少しでも？」と問いを投げかけながら、ほんの少しの「わかった！」ことを丁寧に拾い上げていきます。

これが**「やればできる！」の成功体験**となって、硬直マインドセットの人もゆっくりではありますが、しなやかマインドセットに変化していくことが可能になるのです。

そうすることで、だんだんと自分の「わからない」を認め、「問い」に変えていくことができるようになるでしょう。

「問い」を持つには「潜在記憶」の反応に巻き込まれないこと

ここで、「硬直マインドセット」の人にしろ、「しなやかマインドセット」の人にしろ、たくさんの問いを持ちやすくするために、ある脳のメカニズムと１つのテクニックをご紹介します。

その脳のメカニズムというのは**「潜在記憶」**、１つのテクニックというのは**「意識の矢印」**です。

序章でも少し触れましたが、「潜在記憶」というのは、勝手に思い出される記憶の働きのことです。あなたが今この瞬間、この文章や言葉を理解しているのは、自分の記憶から日本語の知識やここに書かれている言葉や内容に関する知識を「思い出している」からなのです。

言われてみれば当たり前のことですが、このようにあなたの記憶から常に知識や情報が勝手に思い出されているのです。

これは非常に便利な働きではあるのですが、一方で、これを自覚していないと、「問い」を持ちにくくなります。なぜなら、**潜在記憶の働きにより勝手に関連する知識・情報が思い出され、自分のなかで勝手に「わかったつもり」になって自己完結してしまう**からです。

あなたは、今この「潜在記憶」の働きを知ったので、これからは「今、勝手に知識や情報が思い出されているな、わかったつもりになっているな」と気づくことが多くなるかもしれません。

より気づきやすくするためのテクニック「意識の矢印」を次にご紹介します。

「意識の矢印」を本に向け続けるコツ

「意識の矢印」とは、文字通り**意識の矢印、方向性**を示すものです。

わかりやすくするために、あなたの右手でも左手でもいいので、親指を立ててみてください。そして、まずはその親指を自分自身に向けてみましょう。

今、あなたのなかで勝手にあなたの記憶からさまざまな情報・知識が思い出されています。それに「意識の矢印」を向けてみましょう。

たとえば、「意識の矢印？　ああ、宇都出さんの聞き方の本でも読んだことがあったな」とか、「読書の話でマインドセットや意識の話なんてなんだか怪しげだ……」などなど、いろいろな潜在記憶の反応が起こっていると思います。

そして、「意識の矢印」をそのような起こっている反応だけに向けていることを、「自分だけに意識の矢印が向いている」状態といいます。少し、その状態にあえてハマってもらいましょう。そのためには、本に「意識の矢印」を向けないことです。親指を自分自身に向けて、ただただ、自分のなかで起こっている潜在記憶の反応に意識を向けてみましょう。

感情的になったときは要注意

いかがでしたか？

読書のときは、このような状態はよくあると思います。

たとえば、本を読んでいて「それはないでしょう！」と、自分自身の意見と大きく違う意見が書かれていたときに起こる反応です。

特に**あなたの価値観と反する考えに直面したときなど、あなたの感情が強く動き、それにつれて潜在記憶の反応も強くなり、「意識の矢印」が自分に向きやすくなります。**

あなたの主張と真っ向から対立する意見・主張が書かれているときなどは、読む気がしなくなったり、その意見・主張の揚げ足取りに走って、言葉の枝葉末節にとらわれてしまったりするのです。

こうなると、集中の質、読書の質が落ちてしまいます。

自分に向いた「意識の矢印」を、親指と一緒に本に向けてみる

では、今度は「意識の矢印」を自分ではなく、目の前の本に向けてみましょう。親指を本に向けてみてください。

「何をやらせるんだ」「何の意味があるんだ」などなど、今この瞬間もあなたの記憶からさまざまな反応が勝手に起こり、思い出されていることでしょう。それを止めることはできないので、ただただ起こるがままに任せましょう。ただし、そこの反応に巻き込まれて、「意識の矢印」を自分自身に向けてしまうのではなく、本に向けていくのです。

本に書かれている言葉、文章、内容、さらには本の著者（この本であれば私ですね）に「意識の矢印」を向けていってみましょう（うまくできなくても、安心してください。次項で「意識の矢印」を本に向けるためのポイントを紹介します）。

こうすると、自分の潜在記憶の反応に巻き込まれて勝手に「わかったつもり」になることは少なくなり、本に好奇心を持ち、問いを持ちながら集中して読書を続けることが可能になります。

次に、あなたが楽に「意識の矢印」を本に向けられるようになるポイントを2つお伝えします。

ポイント1　潜在記憶の反応を受け止める

1つは、潜在記憶の反応を止めようとしないで、ただ受け止めること。

今この瞬間もそうですが、潜在記憶の働きを止めることはできません。あなたの記憶は常に外界の刺激を受けて、さらにはほかの記憶の刺激を受けて反応し続けます。

「意識の矢印」を本に向けようと、自分の潜在記憶の反応を止めようとしてもそれはムダです。それどころか、ますます潜在記憶の反応に巻き込まれて、「意識の矢印」が自分に向き、逆効果になります。

大事なことは、**潜在記憶の反応を止めようとすることではなく、その反応に気づいて受け止めておくこと**です。そして、反応していることに気づきつつ、それを受け止めて、「意識の矢印」を相手、本に向けていくのです。

言ってみれば、坐禅を組むことに近いかもしれません。今流行りの言葉でいえば、「マインドフルネス」の状態ともいえるでしょう。

浮かんでいる雑念、妄想に気づきつつ、それにとらわれることなく、ただただ、今ここ、目の前のものに集中していく。

シンプルで、すぐに本に集中する効果が現れるテクニックではありますが、非常に奥深いものです。

最初のうちはなかなか「意識の矢印」を本、相手に向けることができない人も、日々の読書で続けていくうちにだんだんと慣れていきます。

そして、自分の意見・主張と違うほど学ぶことが多いことに気づき、楽しめるようになってきたらしめたものです。「意識の矢印」を本に向けることはどんどん楽になって、それによりあなたの本を読むスピードが速くなり、そして深くなっていきます。

ポイント2　まずは「知らない」という立場で話を聞くようにする

すでに気づかれた方もいるかもしれませんが、この「意識の矢印」は本を読むときだけでなく、人の話を聞くときにも、とても役立つテクニックです。

一対一の対話でも、会議や講演など大人数の場面でも、相手の話をきちんと聞き、こちらの話を伝えるときにこれを知ることで、深く聞き、しかも相手に伝わるまで伝えることができます。

私はマネジメントの研修でもセールスの研修でも、必ずこの「意識の矢印」についてお伝えするようにしています。なぜなら、できるマネジャー、セールスは意識するしないにかかわらず、「意識の矢印」を相手に向けているからです。この**「意識の矢印」を使い自覚的になることで、だれもができるマネジャー、セールスパーソンに変身することができる**のです。

ただ、この「意識の矢印」はわかっていてもできるとは限りません。特に、知識が豊富な人、経験を重ねてきた人ほど大変だともいえます。なぜなら、積み重ねてきた知識・経験が記憶にたくさん詰まっていますから、潜在記憶の反応も大きく、強くなる傾向にあるからです。

なお、これは悪いことではありません。ある意味、それが智慧《ちえ》であり、そこから優れたアドバイス、考えが出てきますし、相手の話をすばやく、深く理解する可能性があるからです。

ただ、理解と誤解は紙一重。

「ああ、あのことね」

「そのことなら知っている、知っている」

というように思っていたら、それが「わかったつもり」「早とちり」だったということにもなり、人の話を聞くときや本を読むときに、正しい理解ができないことにもなり得るのです。

本を深く読み込むために重要な「無知の姿勢」

これはもちろん、読書でも同じです。これまで読書してきた人ほど、知識・経験などの記憶が豊富ですから、潜在記憶の反応も大きくなります。それによって、速く、深く読めるようになるのですが、常に、「意識の矢印」が自分にだけ向いて、本に向かずに「わかったつもり」、さらには「読んだつもり」になる危険を秘めているのです。

あなたが「知っていることを誇る」読書家か、一歩進んで、「知らないことを喜ぶ」読書家になるかの分岐点がここにあります。自分の潜在記憶の反応を活用しつつ、本をすばやく読むと同時に、**自分はこのことをわかっていないかもしれない、知らないかもしれないという立場に立てるかどうか**です。

いわゆる謙虚でいるともいえますが、この「知らない」という立場は、**「無知の姿勢」**(Not Knowing)として、カウンセラーやセラピスト、コーチなど対人援助に携わる人が、相手の話を聞くために非常に重要なスタンス、姿勢として注目されています。

これまで専門家、プロフェッショナルといえば、その分野に関する豊富な知識が強み、売り物だったわけですが、その知識が足かせとなってしまうこともあり、専門知識と同時にこの「無知の姿勢」の大事さが注目されています。

あなたが読書家として、本を速く読みつつ、しかも「わかったつもり」に陥らずに深く読めるようになるためには、この「無知の姿勢」、「自分は知らないかもしれない」という立場に立ち続けることが重要になります。

そして、これが「意識の矢印」を本に向け続けることにつながるのです。

自分で本の難易度を変えれば「フロー」状態は保てる

あなたは**「フロー」**といわれる状態をご存じですか？

スポーツの世界などでよく聞かれる言葉ですが、**非常に集中力が高まり、対象と一体化したような感覚で、パフォーマンスが高い状態**のことです。

まさに「集中」といえるもので、本書の最初のほうで紹介した2つの集中でいうと、**「長い集中」**に当たります。

「武器になる読書術」は短い集中を活用する方法ですが、このフローの状態＝長い集中も活用します。これはウィルパワーの消費を節約し、ワーキングメモリを非常に有効活用する読み方でもあるからです。

なぜなら、この「フロー」という状態は、対象に集中しているのはもちろんですが、がんばって集中している状態ではありません。自然と対象に興味が向き、集中している状態です。

そもそも、がんばって集中していると、注意がそれないように意識することでも注意というリソースを使い、それによりウィルパワーを浪費してワーキングメモリを圧迫するので、パフォーマンスは上がらず、すぐに集中状態からハズれてしまいます。

「フロー」に入るためには、がんばらなくても対象に集中が向いている状態を作り出すことが非常に重要であり、ある意味、これをつくり出しさえすれば「フロー」を続けることが可能になるのです。

では、どうすれば本を読むときにこの「フロー」に入ることができるのでしょうか？

不安にも退屈にもならない「能力」と「挑戦」レベルのバランス

フローは、その条件さえ作ることができれば、だれでも入ることができます。その証拠に、子どもから大人までだれもがフローに入れるものがあります。

あなたもおそらく経験したことがあるでしょう。

それは何かというと、「ゲーム」です。

ゲームにハマった状態というのは、スポーツ選手や職人などのフローとまったく同じ状態ではないにしても、そこで起きていることは、フローそのものです。

ゲームにハマるように、読書、本にハマることができれば、どんどん読書できると思いませんか？

最近では、ゲームにハマる原理を解明し、学習や仕事に役立たせようという**「ゲーミフィケーション」**といわれる研究が進んでおり、ゲームのどのような要素が、プレイヤーをハマらせているかが明確になってきています。

いくつかあるうちの１つが**「難易度の調整」**です。

これは「フロー」研究の先駆者である心理学者のチクセントミハイが強調したポイントでもあります。

次の図をご覧ください。

フロー状態に入れるかどうかを決めるのは、プレイヤーの「能力」レベルに対する、取り組んでいる課題（仕事、スポーツ、ゲームなど）の「挑戦」レベルとの関係です。能力に比べて挑戦レベルが高く難しすぎても不安になり、集中状態に入れません。

ゲームの例でいうと、すぐに敵にやられてしまうのではビクビクしますし、ハマるどこ

フロー状態と難易度の関係

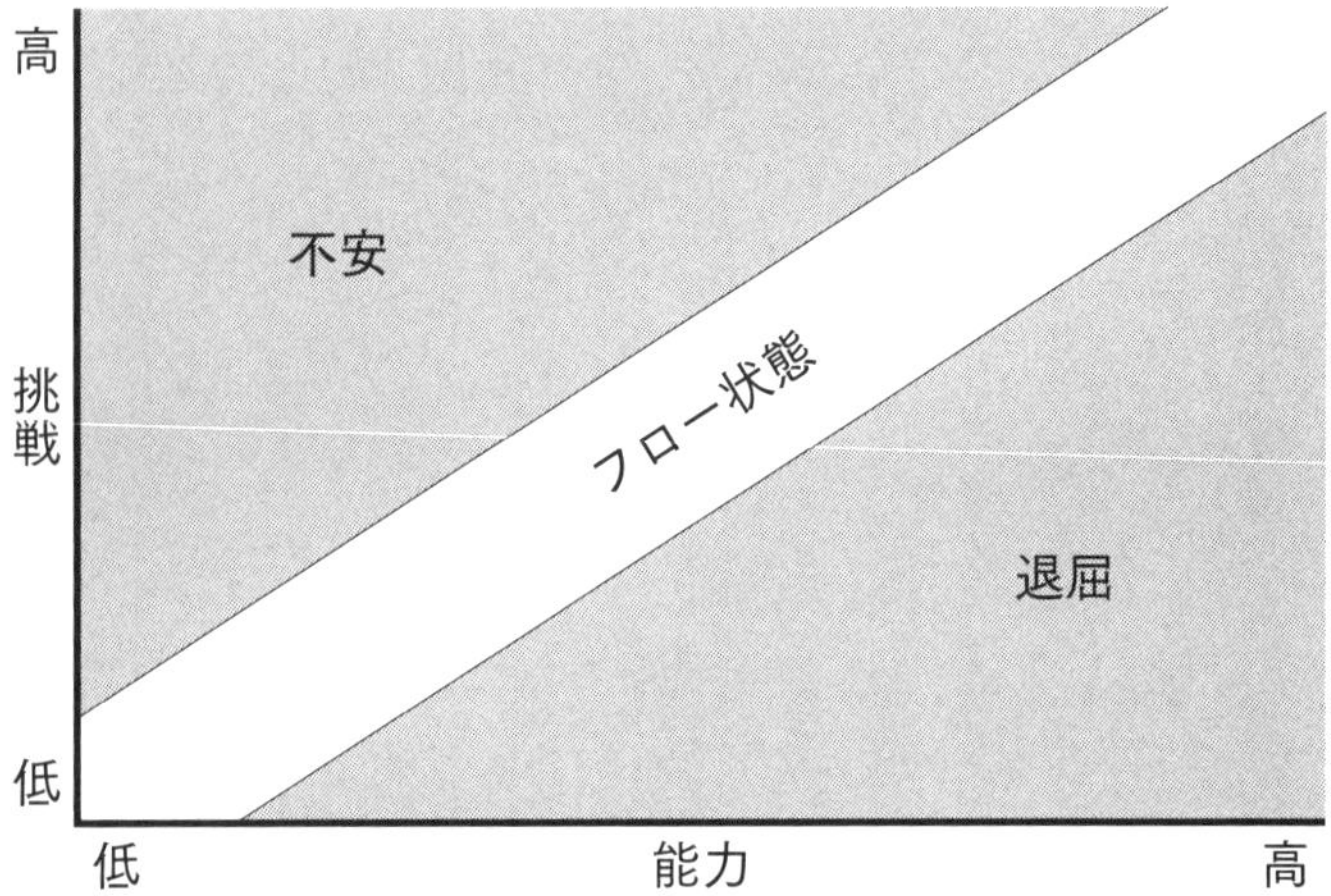

ろか、落ち着かないですよね。

一方、簡単すぎても退屈になり、集中状態に入れません。

これもゲームの例でいうと、敵が弱すぎてどんどん勝ててしまうような状態です。自分がやられるリスクはほとんどなく、ずっと勝ててもつまらないでしょう。

実際のゲームでは、プレイヤーの上達レベルに応じてステージクリアしていき、ゲームの難易度が上がっていくようになっています。

これによって、プレイヤーは不安にも退屈にもならず、飽きることなく集中状態を維持し、どんどんとハマっていくのです。

読書における難易度の調整方法とは？

読んでいる本の難易度を調整するとはどういうことか？

当然ながら本の場合、難易度を調整するのは読み手になります。

これは、自分の知識や能力に応じた本を選ぶということとは少し違います。

たしかに、よくある読書法で、最初はマンガから入ってだんだんと入門書、基本書、専門書に入っていくことを勧めているものがあります。それも方法の１つです。

しかし、これまでの**読書の常識から自由になれば、実はあなたが読書の難易度を自由に、そしてあなたにピッタリと合うように調整することが可能**なのです。

これも、すでに紹介している「武器になる読書術」の飛ばし読みをしながら、ざっくり、くり返すという読み方が可能にしてくれます。

まずは、あなたが読みやすいところを読む。細かい文章に入るのではなく大枠の見出しだけ読む。さらには、ある絞った範囲をくり返し読むということです。このやり方で、たとえ難しい本であったとしても、あなたに合った難易度に調整することが可能になります。

たとえば、未知の分野の本で、知らない専門用語がたくさんあるとしましょう。ページ数もかなりあり、圧倒されるような本かもしれません。そんな本は読む気もしないで、投げ出したくなるかもしれませんが、心配ありません。

極端な話、**本のタイトルを読むだけでもいい**のです。それなら、どんなに難しい本、ぶ厚い本でもとりあえず読む気がするのではないでしょうか？

これは極端ではありますが、このようにいきなり本文から入るのではなく、大雑把にタイトル、章タイトル、節タイトル、小見出しなどに注目することで、難易度を下げることができるのです。易しすぎるものであれば、さっさと詳細な内容に入ることで難易度を上げることができます。

とにかく読み始めれば脳は自動的に動いてくれる

難しい本でも難易度を下げてとりあえず読み始めることで、読む前に比べて、さらに集中できるようになります。

というのも、実際に読書して行動し始めると、脳の側坐核《そくざかく》からやる気ホルモンであるドーパミンが分泌され、あなたが集中して読み続けることをサポートしてくれるからです。

読書に限らず、何かをやろうとしていて、なかなかやる気も起こらず取りかかれなかったのに、いったん取りかかるとどんどんやる気が出て楽しくなり夢中でやっていた、なんてことがあるでしょう。

このように、集中することはもちろん、読書するには、まずやり始めることが大事になります。

この「立ち上がり」をいかにすばやくできるか、自転車でいう「こぎ出し」をすばやくできるかが、「武器になる読書術」の大きなポイントです。

そして、いったん動き始めたら、止まらないこと。

止まると、またやり始めるのにエネルギーがいりますから、すばやくやり始めることに加え、いったん動き始めたら動き続けることが大切です。

難易度を左右するのは読み手のストック

読書へのハードルが高いか低いかを決めるのは、実は**読む本と読み手のストック（知識・経験などの記憶）が関係しています**。

単純にいうと、よく内容を知っている本は楽に読める、速く読める、という事実です。あなたもこれは実感されているでしょう。好きな分野の本、あなたが専門でやっている分野の本、よく読んでいる分野の本は、あなたが知らない分野の本に比べて読み始めるのは楽でしょうし、読むスピードも速いでしょう。

また、ある本を1回目に読んだときより、2回目に読んだときのほうが楽に速く読めるはずです。これも、1回読むことによってそこに書かれている情報・知識があなたのストックとなり、2回目はそのストックが助けとなるので、楽に速く読めるようになるのです。

「武器になる読書術」では、目の前の1冊の本もざっくり・くり返し読むという読み方によって、ストックを蓄えつつ、それを活用して読むことが可能になります。

ストックを蓄えながら、今蓄えたストックも活用して、また読んでいく。

するとストックが雪だるま式にどんどんと大きくなり、読む深さ・スピードも加速度がついてきます。

そうしているうちに、楽にすぐに読み始めながらくり返すなかで、最初は思いもつかなかったようなスピードで本を読むことができるようになるのです。

範囲・分野を絞って読み始めよう

自分が知らない分野、得意でない分野の本を読む場合は、当然、読み手である自分にストックが少ないのですから、わからないところは飛ばしつつ、ざっくりを意識して読むことです。

また、ワーキングメモリへの負荷を下げるためには、**1冊の本でも範囲を区切って、その範囲をくり返すといい**でしょう。

できるだけ早い段階で全体を見ることは確かに大事なのですが、全体を見ることに焦って、ワーキングメモリを圧迫したり、読書のハードルを上げてしまったりすると逆効果、本末転倒です。

それよりもあえて範囲を絞って、そこだけをざっくりくり返していく。

これが未知の分野の本、手強い内容の本でも、すぐに読み始め集中度を上げ、読書のスピード、質を高めながら読み続けるために重要です。

また、その分野の本を1冊読んだら、その分野のまた別の本を読んでみましょう。重複するところもあるかもしれませんが、著者によって、同じテーマであっても意見はもちろん見方が違うので、多角的な見方を知るためには重要です。

どうやって本を選ぶかですが、一番いいのは大型書店へ行って選ぶことです。該当する分野の棚を眺めれば一目瞭然です。担当の書店員が日々、膨大な本と触れ合うなかで蓄えた知識に基づいて、棚に並べる本を選んでいますから、非常に参考になります。

なお、試験勉強の場合は、できるだけ重複をなくし、効果的・効率的な試験勉強のためにも、違うテキストや問題集に手を広げるより**数少ない本を徹底的に潰すことがオススメ**です。

そうやって知識・経験などの記憶（ストック）が蓄えられてくると、読み手の持つストックが関連分野の本を読む際のサポートになってくれて、読み始めるのも楽になり、読み続けるのも楽になります。

第5章

実践！「武器になる読書術」6つのステップと5つのコツ

「守・破・離」の「守」としてのステップ

では、「武器になる読書術」の具体的なステップを解説しましょう。

ここまで解説してきたように、「武器になる読書術」は、目次や見出しを活用しつつ、読みたいところ、読む気がするところを、自由に飛ばし読みをしながら本を行ったり来たりしてくり返し読むというシンプルな方法です。

なので、堅苦しいステップや、絶対守らなければならない手順があるわけではありません。

ただ、最初のうちは、これまでの読み方から離れやすくするためにも、典型的な手順を守って実践してみることがオススメです。とにかく実践して読書する体験を積み重ねることが大事なので、まだ読書へのハードルが高い方はまずは本章のステップに沿って始めてください。

何かを学ぶ段階を表すものとして**「守・破・離」**というものがあります。

まずは「守」。教えられた通りに実践してその型、原理原則を体に落とし込んでいく段階です。

その「守」が終わったら「破」。あらかじめ教えられたことに加え、自分に合った独自の工夫をする段階です。そのなかでさらに、教えられたことの意味がより深くわかったり、原理原則がより深く理解できたりします。

そして最後が「離」。教えられた原理原則を理解し、自分のものにしたうえで型から離れ、自由自在に使いこなす段階です。最後はここを目指してもらうわけですが、最初に「守」をきちんと踏むことが「破」「離」へ進むことを加速します。

まずは次からのステップを実践してみてください。

ステップ1
楽にページをめくれる状態を作る

この本自体でもいいですし、何か1冊選んでください（小説以外です）。
最初に、できるだけウィルパワーを使わないで、**楽にページをめくれるように本を加工**します。すでに説明しましたが、お菓子を買って、箱や袋から出して、中身を出すと思ってみてください。

書店でつけてもらったブックカバーはもちろん、もともとついているカバー、さらには、表紙も取り除きます。

ソフトカバーであれば手で破くこともできますが、ハードカバーの場合はカッターで切り落としましょう。もったいない、本を作った人に申し訳ないと思うかもしれませんが、単に本を輸送するため、傷めないための包装材だと思って、さっさと切り落としましょう。こうやって前準備することで、一気にめくりやすくなり、本を読むことのハードルが下がります。では試しに本をパラパラとめくってみてください。

３００ページを超える本だと、全部をめくるのにちょっと抵抗があるかもしれません。そんな場合はバラして上下分冊にしてしまうこともオススメです。

試験勉強であればもっと細かく分冊しますが、日常の読書であればそんなにシビアな記憶・理解は求められないので、どんなにぶ厚い本でもせいぜい上下分冊、三分冊程度で十分でしょう。

この前準備はシンプルで大したことがないように思えますが、そのあとの読書にボディブローのようにじわじわと効いてきますので、ぜひ省略せずにやってみてください。

ステップ2 つまずきそうになったら「目次」に戻る

さて、読み始めるのですが、パラパラと本を気楽にめくってもいいですし、とにかく読みたいところがあればそこを読んでもらってもかまいません。

ただ、オススメは**「目次」**です。

目次の価値の大きさについては、本書でくり返し解説してきたのでもうここでは述べませんが、とにかく困ったら「目次」です。

読み始めも、読んでいる途中も、止まりそうになったらいつでも目次に戻りましょう。

あなたが単なる「読んだ！」という自己満足ではなく、記憶・理解をしたいと少しでも思っているのであれば、目次はそのための大いなる力になってくれます。

ここで目次項目、つまりタイトルや見出しをゆっくりじっくり考えて読む必要はありません。また、1つひとつを前から順番に読む必要もありません。ざっくり、最初は章タイトルだけ、さらには３部構成などになっているのであれば、とりあえず部のタイトルだけを眺めながら、「この本の全体構造はこうなっているんだ」というぐらいを認識して、くり返し読みするなかで、だんだんと細かいタイトル・見出しを見ていけば大丈夫です。

知らない言葉、抽象的な言葉に「ウッ」とくるかもしれませんが、そこで止まることなく、眺めつつ、目次だけをひたすら回転させる、つまりくり返して見ていってください。5回転、さらには10回転したくらいから、急に視界が開けて、本の構成が見えてくるでしょう。

また、目次項目だけ見ていると、だんだんと本文を読みたいという欲求が出てきます。いわゆる**「じらし効果」**です。

この力も使って本文に入っていくのです。

ステップ3
まえがき・あとがきをざっくり読む

読みたいところがあったり、興味のあるところがあったりすれば、どんどん本文に入って読んでもらってもかまいません。

ただ、限られた時間ですから、本の全体像を知ったうえで本当に読みたいところ、興味を惹かれるところを読んでみたいですよね。

なので、いきなり細かいところに入るのではなく、目次を最初にくり返し見ることをオススメしているわけです。

これと同じ理由でステップ3としてオススメしたいのが、**まえがき・あとがきを読むこと**です。

まえがきには、本の全体構造がコンパクトに書いてあることが多いです。

また、あとがきには、本で著者が言いたいことの核心がズバッと書いてあったり、著者の本音や熱い思いが出てきたりしていることも多く、ぐっと著者との距離が近づくことが多いのです。

ほとんどの本に、まえがき・あとがきが書いてあるので、早い段階でざっくりとでも読むことをオススメします。

ステップ4 本文の見出しだけを見ていく

目次やまえがき・あとがきを読んで、その本の全体像を把握し、限られた時間で「ここ読みたいなあ」というところが明確になったら、そこのページを開いて読んでいきましょう。

ここでオススメしたいのが、いきなり本文に入るのではなく、とりあえず**見出しだけをざっと眺め、何回かくり返して見る**ことです。

これは目次やまえがき・あとがきを読むのと同じように、その本の全体像を大きく俯瞰しながら、さらにつかむためでもあります。

また、実際にページをめくって眺めるので、その本の雰囲気をつかむこともできます。

いきなり本文に入るとその情報量に圧倒されて、ワーキングメモリが圧迫されてフリーズしてしまう危険性がありますが、見出しだけで止めることで、ワーキングメモリを効果的に使いつつ、少しずつその本に慣れていくのです。

いわば「下見」ともいえます。

また、本文もチラ見しながら見出しだけを追いかけていることは、「わからない」という思いを強める、つまりは「わかりたい！」という思いを強めることにつながります。「じらす」ことで、「読みたい！」という思いを高めていくのです。

そうやって、スポーツ選手が本番に向けての集中状態を高めていくように、だんだんと気持ちを高めていくわけです。

ステップ5
本文のわからないところを飛ばして読む

ステップ1から始まりステップ4まで終えて、ようやく本文を読んでいきます。

なお、読む気満々ですぐに本文に入りたいのであれば、いきなりこのステップ5から入ってもらってもかまいません。

ただし、本文に入って興味がなくなったり、集中が途切れたりしたら、ステップ2～4まで戻ってください。そのときに大事なのは、興味がなくなったり意味がわからなくなったり、集中が途切れたりしたときにそこで止まらないこと。

従来の読み方の「ゆっくりじっくり、がんばって理解しようとして読む」のでは、内容がわからないときに止まったり、読むスピードを遅くしたり、さらには狭い範囲の返り読みをしたりして、どんどん集中力が切れていきます。

これが集中するのを邪魔し、読書を非効率にする原因です。

ですから、そうならないように、止まりそうになったら目次に戻ったり、見出しだけを眺めたり、まえがき・あとがきで、そもそもこの本はどんな本なのかを楽に回転させながら、再度、本文に入る機会をうかがったりするのです。

そして、**わからないところを飛ばすことが重要**です。

「わからない」と止まる、スピードを落とすことは、多くの人にとって小学校以来の訓練のなかで当たり前になっているので、そうならずに、逆に飛ばすことが重要です。

このあたりの重要性は「わからない」とのつき合い方（第３章）でかなりくわしく解説していますから、再度読んでみてください。

飛ばしても、くり返すなかでまた読めますから、未練なく飛ばしていきましょう。それが結果的に、理解するための近道になります。

急がば飛ばせ、急がば回せです。

本に書き込む「追加編集」で読みやすさが段違いに！

「本文」を読みやすくして、集中して読み続けるための5つのコツをご紹介します。目次やまえがき・あとがき、そして見出しを読むのは、読むところが明確に絞られているので比較的実践しやすいと思います。

ただ、見出しから本文に入ったところでいきなり情報量が増えるので、それに圧倒される人、「情報の海」に〝溺れる〟人が多いのです。

目次や見出しはいわば、本という「情報の海」のなかに立っている足場のようなものといえます。膨大な知識・情報に圧倒されてワーキングメモリがフリーズしそうになったときはそこに戻ればいいのです。ただ、あらかじめ著者や編集者が立ててくれた足場では少なかったり、心もとなかったりする場合もあります。その本に関する知識・経験・記憶、すなわちストックがあれば楽に「情報の海」を泳げますが、あらかじめ持っているストックが少ないとかなりきついからです。

そんな場合は、**「本文」のなかに、読者自らが「足場」を築くことが必要になります。**

読者の手で、溺れないように、読みやすいように追加編集をしながら読むのです。

具体的には、本にどんどん書き込んでいきます。そのために、ボールペンでもシャープペンシルでも鉛筆でも、あなたが好きな筆記用具を用意してください。


ここで、本をきれいに読んで売ろうとしている人へひと言。

確かにきれいにして読めば、最初に払った書籍代のいくばくかは取り戻せるでしょう。ただ、そこで取り戻せるお金の価値と、きれいに読もうと気を使いながら、どこかで遠慮しながら読むことで失う価値を比べてください。

おそらく、きれいに読んで売ろうとすることで、実は大きな価値を失っていることに気づくはずです。これまで本に書き込んでいなかった人にとっては、最初はかなり勇気がいるかもしれませんが、ここに足を踏み入れてください。

書き込むことに慣れる方法を１つお伝えしましょう。

それは、「もう捨てよう」、中古で売ろうと思っても価格がつかないような本に書くことです。そうやって、とにかく本に書き込むという行為を試して、だんだんと慣れることで、どんな本でも書き込めるようになっていきます。

では、本文を読みやすいように書き込んで、追加編集をしながら楽に読み続けるための5つのコツを紹介します。

読みやすくするコツ１
くり返し出てくる言葉を丸で囲む

飛ばし&くり返し読みしながら本文を読んでいると、何度も出てくる用語が目についてきます。くり返し出てくる用語ですから、本の内容に絡む大事な言葉です。いわゆる**「キーワード」**になります。

従来の「ゆっくり&じっくり読み」であれば、本文のなかにくり返し出てくる言葉、キーワードに気づきにくいものです。

しかし、ざっくり飛ばし&くり返し読む「武器になる読書術」であれば、否が応でも目についてきます。

そして、このくり返し出てくる言葉を際立たせるため、次にもっと楽に読むために**丸で囲んでしまう**のです。

いわば、本文のなかにさらに小見出しをつけるようなものです。

これは、あなたが本文のなかで溺れそうになったとき、情報・知識に圧倒されそうになったときに、すがりつく足場になってくれます。

そして丸で囲んでくり返しその言葉に慣れることで、その言葉を一時的に記憶するのにワーキングメモリは不要になり、さらに楽に本文を読むことができるようになっていきます。

なお、ビジネス書や新書といった一般向けの本の場合、専門書などと違って、章タイトルや節見出しに本文の内容を要約したり、内容を象徴するキーワードが必ずしも使われているとは限りません。

いわば、潜在読者の興味を引くための「キャッチコピー」としてタイトルや見出しがつけられている場合もよくあります。このため、実際のタイトル、見出しよりも、あなたが自分で本文のなかから見つけた言葉や表現のほうが、本文の内容を抽象化して要約するものとして役立つこともあります。

読みやすくするコツ２
頻出キーワードの「定義」に線を引く

コツ１で何回もくり返し登場する言葉をチェックし、丸で囲んでいると、そのなかから本当に重要なキーワードが目についてきます。

それはタイトルや見出しでも使われている言葉かもしれませんが、あなたがすぐに説明できないような、新たな用語だったり、その著者が思いを込めている言葉だったりします。

本書でいえば、たとえば「ワーキングメモリ」などがそれに当たるかもしれません。

そういったキーワードについては、**著者がそれについての定義（意味や概念）をどこかで紹介していることが多い**です。そこがわかれば著者の主張の核を押さえたことになります。

このキーワードの定義を書いているところは、**「（キーワード）とは……」**という表現になっていることが多いです。

くり返し出てくる言葉、キーワードに丸をつけながら、「とは……」という表現が出てきたらすかさず線を引いたり、丸で囲んだりしましょう。

なお、その定義をすぐに読む、理解する必要はありません。

まだ、そのキーワード自体になじんでいない、つまりワーキングメモリを食う状態のときに、がんばってその定義の文章を読んだところで、ワーキングメモリに負荷をかけフリーズさせてしまうのがオチです。

まずはくり返し出てくる言葉、キーワードをくり返しチェックしながら、だんだんと定義の文章を読んでいけばいいのです。

読みやすくするコツ3
意味の変わり目で「区切り線」を引く

見出し、小見出しが少なくて、本文がずっと続き息切れするときがあるかもしれません。そんなときにオススメなのが、「ここでいったんの区切りだな」「ここで意味が変わるな」と思うところで、縦書きの本であれば縦線、横書きの本であれば横線を引くことです。

ただの一本の線ですが、線を引くことで一気に読むのが楽になります。なお、この区切りを知るための1つのヒントが**「接続語」**です。

- **そして**
- **しかし**
- **たとえば**
- **要するに**

など、それまでの文章とこれからの文章の関係を表し、つないでくれる言葉です。

見出しが少なくて読むのがキツイと思ったとき、こういった**接続語に注目して、区切りを見つけて縦線、横線を引く**ことをオススメします。

こうやって線を引くことで、文章の流れや構造がわかりやすくなり、自分なりに見出しをつけたくなって、実際に見出しが浮かぶかもしれません。そんなときは余白に自分なりの見出しを書いておけば、より読みやすくなっていきます。

読みやすくするコツ４
内容を箇条書きや図解にする

パワーポイントなどで作った資料をプロジェクターで投影しながらするプレゼンが、ビジネスの現場で一般的になってきています。その資料に文章がずらりと並んでいることはありませんよね。

そこでよく見られるのは、ポイントを短く表現したものを並べた**「箇条書き」**、そして矢印で流れを表すなどした**「図解」**です。こうなっていることで、非常に見やすく、ワーキングメモリを圧迫することなく、楽に情報を受け取り、思考を働かせる余裕が生まれるのです。

これは本にも見ることができます。目次はまさにポイントを短くして並べた「箇条書き」ともいえますし、図解を多く盛り込んだものもよく見られます。

ただ、細かいところまで箇条書きにしているわけではなく、すべての要素をいちいち図解してはいません。これを読者のあなたが、やってしまうのです。

とはいえ、難しいことをしたり、手間をかけたりする必要はありません。

あくまで、本を読みやすいように、あなたが情報・知識に圧倒されたり溺れたりしないようにするために、読みながら少しの手間で箇条書き、図解していくだけです。

たとえば、

- **コツが3つ……**
- **まず第一に……**
- **2つ目のポイントは……**

などと、本文のなかで表現されていることがあります。

こういった表現にあたったら、プレゼン資料を作る感覚で、「①」や「②」といった番号を振ったり、「●」などの箇条書きの印をつけたりしていくのです。

プレゼンや発表であれば、投影資料に書かれるような言葉を丸で囲んでおく。このように本を読むときにも、まるでわかりやすいプレゼンを聞くかのように文章を加工してしまうのです。

そうやって丸で囲んだ見出し・キーワードに、**「原因と結果」「目的と手段」「結論と理由・根拠」などの関係があれば、線や矢印で結んでしまいましょう。**

これはいわば、文章のなかに、論理の展開を図で表した「ロジックツリー」や階層構造を表した「ピラミッドストラクチャー」を描いていくことになります。

こうやって考えてみれば、何かのプレゼン・発表を聞くときに、あらかじめ配布された資料にざっと目を通し、概要をつかんだうえで細かい説明を受けることと、本書で紹介している「武器になる読書術」がオーバーラップした人がいるかもしれません。

そう考えると、読書へのハードルが下がった人もいるのではないでしょうか。

もし、プレゼンや発表資料で、細かい文字や長い文章が出てきたら、「見にくい」「わかりにくい」とクレームがつきますよね。

本にクレームをつけるのは筋違いではありますが、本のたくさんの文字、文章に圧倒されて自分の理解力のなさを責めるよりは、本に自分なりの箇条書きや図解を書き込んで、あなたが読みやすい資料に加工していきましょう。

ちなみに本書では箇条書きや図解はほとんどないので、どんどん自分なりに追加編集してみてください。

「武器になる読書術」の6つのステップや「読みやすくする5つのコツ」、「3つの頭の回転の速さ」など、一覧にしてまとめたり、図解したりするとわかりやすいかもしれません。

ぜひあなた自身で、章扉などの余白も使って整理してみてください。

読みやすくするコツ５
まとめの言葉を探して丸で囲む

ビジネス書や新書などの情報・知識コンテンツの場合、ある主張が展開される際に具体例が入っていることが多くあります。最初に結論的なことが書かれていて、そのあとに説明として具体的な事例が紹介され、最後にまた結論を強調するといった流れはよく見られます。

もちろん、具体的な事例を読むことで理解が深まるように工夫されているわけですが、具体的事例というのはある程度長いので、そこに書かれている知識や情報のストックがあまり自分のなかにないと、情報に圧倒されてしまうことがよくあります。

そんなときは、さっさと具体的事例は飛ばして、**結論部分を探し、そこを丸で囲んで読んでしまうのが得策**です。

では、どうやって探すかというと、

- **要するに**
- **まとめると**
- **つまり**
- **ひと言でいうと**
- **要は**

といった言葉がついていると、そのあとにその段落や節の主張を要約した言葉、文章が並ぶことが多いです。

逆に主張が述べられたあとに、

- **たとえば**
- **具体的な例でいうと**

というように、具体的事例が展開されることもあります。

そういった言葉を見つけたら、**その前のところの文章や言葉が結論部分を表しているこ**

とがあります。そこを読み、「要は……」だと思ったら、そこを丸で囲んでしまいましょう。

次に読むときは、丸で囲んだ部分がすぐ目につき、どんどん言葉になじむことができます。

「要は……？」「要するに……何？」といった、要約を探る問い、核心に迫る意識を持って読み、引っかかった言葉、文章を丸で囲むことで、情報・知識が多い本文部分も楽に読むことができるようになります。

ステップ6
止まらずに読み続ける

ここまで本文を読みやすくするコツ5つをご紹介してきましたが、また「武器になる読書術」のステップに戻りましょう。最後のステップであるステップ6は、この「武器になる読書術」の全体を通して意識するポイントです。

ステップ5でも触れましたが、とにかく**「止まらない」こと**。

本文を読み始めるなかで、ついつい止まりたくなるかもしれませんが、そのときも、目次やまえがき・あとがきに戻ったり、見出しだけを読んだりして、とにかく止まらないこと。

そのほか、これまでに読んだところを最初に戻ってまたくり返して読むと、新たな情報が少ないため、ワーキングメモリがそんなに圧迫されず、楽に読めるのでオススメです。

自転車ではこぎ始めがきつく、いったん止まると、またこぎ出すのにエネルギーが必要になります。そこでこぐのをやめたくなるでしょう。

それと同じで読書でも、「わからない……」と止まってしまうと、そこから動かすのがきつくなります。

武道では「居着く」（相手の出方がわからず、その場に凍りついてしまう状態）という言葉があり、「居着」かないようにするのが大事なのだそうです。読書でも居着かないように、目次や見出しなどを活用しながら、止まらないようにすることがポイントです。

逆に、止まらずに、くり返して読み続けることができれば、脳はだんだんと記憶・理解してくれます。

この「武器になる読書術」を実践し始めると、あまりの濃密さに読み終わってどっと疲れるかもしれません。もちろん、これまでのゆっくり&じっくり読む読書と比べて、そこから得られる記憶・理解の広さ・深さにもびっくりして、こんなに読めるのだと自分の力にも自信を持つでしょう。

裏を返せば、これまでの読み方や読書で、あなたがどれだけ脳を休めていたかということです。

「わからない」ところで止まって、何度も返り読みをしたり、「コレなんだろう？」と考えたりしていたつもりだったかもしれませんが、実は多くの人は脳を休めていたのです。

ただ休んでいるだけなのに、「考えている」「精読している」なんて勘違いをしていたわけです。

今こそ「精読幻想」から目覚めるとき

ちょっとここで簡単な実験をしてみましょう。この本でも別の本でもかまわないので、どこか適当な箇所を決めて、1分間、とにかくがんばってわかろう、覚えようとして読んでみてください。思う存分、「ゆっくり&じっくり読み」をしてください。

そして1分経ったら、顔を上げて今読んだところを見ないで、内容を語ってみてください。

やってみると、多くの人が、がんばってわかろう・覚えようとしてゆっくり&じっくり読んでいるときに「わかった！」「覚えた！」と感じていた感覚と、1分経って思い出したとき、実際にわかっている・覚えている現実とのギャップの大きさに驚きます。

逆にいうと、ゆっくり&じっくり読んでいるときは、実際に理解、記憶しているレベルよりも「わかった！」「覚えた！」という幻想のなかにいるのです。

これを私は**「精読幻想」**と呼んでいますが、多くの人がこの幻想を持っています。そしてこの幻想を持っていると、「ゆっくり&じっくり読み」のほうが、「飛ばし&くり返し読み」よりも効果的だと思ってしまい、なかなか読み方が変わりません。

しかし、いったんこの「精読幻想」から目覚めると、一見いい加減に見える「飛ばし&くり返し読み」が、実はいい加減どころか、非常に効果的で濃い読み方であることに気づくでしょう。

第6章

頭の回転を速め、アウトプット力を高めるために

「武器になる読書術」で鍛えられる3つの「頭の回転の速さ」

さて、「武器になる読書術」を使って実際に本を読み始められたでしょうか？

これまでなかなか読み始められなかった本や、途中で放っておいた本をサクッと読めるようになってきたのではないでしょうか。

そして、この読書術は単に本をサクッと読むためだけの方法ではありません。あなたの**脳を鍛え、アウトプット力を高める読み方**でもあるのです。

この読書術を実践してもらうと、その密度の濃さに最初あなたの脳は疲労困憊《ひろうこんぱい》となるでしょう。まさに「武器になる読書術」の名前の通り、短い時間とはいえ、飛ばし読みもしながらの「いい加減」な読み方とはいえ、止まることなくずっと読み続ける方法だからです。

「武器になる読書術」は、ウィルパワーやワーキングメモリを無理にがんばって使おうとするわけではありませんが、あなたの脳を休ませずに、激しく動かしながら鍛えています。

しかもそれは、あなたの頭の回転を速くし、読書だけでなく仕事全般に役立つものです。

いわば、「武器になる読書術」は最高の「脳トレ」といってもいいのです。

さて、次からは頭の回転が速い人と読書の関係について触れ、読書をしながらどのような能力を伸ばしていくのかについて解説していきたいと思います。

「頭の回転が速い」とはどういうことか？

よく「あの人は頭の回転が速いね」といいますが、この「頭の回転が速い」というのはどういうことなのでしょう。

これについて、私は次の３つのことが速い人が、「頭の回転が速い」といわれると考えています。

①　全体と部分、抽象と具体の行き来が速い
②　記憶から必要な情報・知識を思い出すのが速い

③異質な情報・知識同士の結びつけが速い

たとえば、会議やミーティングなどで話をしているときに

①「要するに、この問題のポイントは○○ですね」と問題の本質をつかむのが速い

②「その問題については、以前に同じような出来事がありました。確か……」と関連する情報を引っ張り出すのが速い

③「この問題って、実は先月に○○部で起きたものと関連があるのでは……」と共通点や相違点を見つけ出すのが速い

そんな人のことです。

それではそれぞれをさらにくわしく見ていきましょう。

「全体」と「部分」の行き来を速めて本の内容を要約する力をつけよう

あなたの会社にはこんな人がいませんか？

会議で議論していくなかで、そもそものテーマから離れ、どんどんと細かい議論を展開していく人。全体の流れや文脈をすぐに忘れて、目の前の話にすぐとらわれてしまう人、よくいえば「没頭・集中しやすい」人です。

何か目に止まったことに意識をとられ、それについてあれこれ考え始めてしまう。すると、その間に相手の話や今取り組んでいた仕事のことがまったく頭からなくなってしまう。

一方、常に全体の流れを見失わず、大事なところからそれていけばそれを指摘し、大事な目的に戻していく。そもそもの目的から意味づけていく。細かいところに気を配りながら、しかも話の本筋を見失わない人がいます。こういう人がいると安心して心強いですよね。サッカーやラグビーなどで「司令塔」なんて呼ばれる「センタープレイヤー」がそれにあたるといえるでしょう。

このように、**目の前にある「部分」とそれを含む「全体」を常に行ったり来たりしながら、両方に意識が向いている状態**。これができている人を「頭の回転が速い」人といえるのではないでしょうか。

もちろん、「部分」も大事です。「神は細部に宿る」なんていわれますし、物事に取り組む姿勢は細かいところへのこだわりに表れるともいえます。「部分」がなければ「全体」のこともわかりません。

しかしながら、「木を見て森を見ず」といわれるように、「部分」だけを見続けていると「全体」を見失ってしまいがちになるのです。

「人は部分にハマりやすい」ということを知る

人は「全体」と「部分」どちらにハマりやすいかというと、**圧倒的に「部分」にハマりやすい**といえます。先ほど挙げた「木を見て森を見ず」ではないですが、ついつい人は「部分」にハマりやすいものです。

これは単純な理由です。近いものは大きくはっきり見え、遠くのものは小さくぼんやり見えるため、近いもの、それはもちろん全体の中の一部にすぎないのですが、そこにグッと注意がいくのです。そして一度目の前のものにハマると、なかなかほかのところに意識が向きません。

テーブルマジックなどの手品で、がんばってトリックを見破ろうと思えば思うほど、マジシャンの手の動きにとらわれ、そことは違うところで行われていることから意識がそれて見破れないことはよくあります。

ワーキングメモリのところでも解説しましたが、人間の「注意」というリソースは限られていて、そんなにたくさんのことに一度に注意を向けること、意識を向けることはできません。なので、近くのもの、一部に注意を奪われるとほかのことに注意が向かない、つまり全体への意識が薄れてしまうのです。

読書や、特に試験勉強であれば多くの人が思い当たると思いますが、わからないことが気になってそこからなかなか意識が抜けられないものです。

大学受験や資格試験であれば、ある問題が気になって、そこにハマって気づいたら、試験時間が足りなくなって、最後まで解けなかった……なんていう失敗をした人が多くいるでしょう。

また、仕事にしても人生にしても、多くの人の悩みのほとんどは「部分」にハマりこんでしまったところから生まれています。

「もうダメだ」「もうどうしようもない」「お先真っ暗だ……」

ここまではいかないにしても、多くの人がこんな気持ちになったことは一度や二度ではないはずです。

でも、それが過ぎ去ったあと、未来からそれをふり返ってみるとどうでしょう？　あとから振り返ると「なんであんなに思い詰めていたんだろう？　なんでそんなに焦っていたんだろう？」なんて思うでしょう。

人間は向けられる注意に限りがあるので、ついついハマりこんでいくのです。

実は「頭の回転が速い」という人は、この「全体」と「部分」の切り替えが速い、行き来が速いのです。

そしてあなたも、**「人は部分にハマりやすい」ということを知っただけでも、これまで**

よりは部分にハマりにくく、全体を見られるようになります。

「どうせ自分なんて」と思っていた人も、「もしかして頭の回転が速くなるかも？」と思ってもらえたのではないでしょうか？

このように、「全体」と「部分」を意識、その行き来をスムーズに、さらには速くできるようになると、あなたの「頭の回転は速く」なっていくのです。

全体と部分の往復で「抽象化力」を身につける

ある社会人向けのビジネス教育スクールで長年教えてきた友人がいますが、何千人にもおよぶビジネスパーソンと接してきた彼に、「できる人とできない人は何が違うの？」と聞いたことがあります。

彼の答えは、「できる人は、『要するに』と短く、ひと言で話をまとめられる人」でした。

この「要するに」とまとめられる力、要約力を別の言葉で言い換えると、**「抽象化力」**。いわば、**タイトルをつける力**、**見出しをつける力**ともいえますね。

「全体」と「部分」は、「抽象」と「具体」に対応しているといえます。

部分から全体に意識を持っていくためには、具体から抽象に移動するための「要するに？」「ひと言でいうと？」という問いを自分自身に投げかけることで可能になってきます。

これらを口ぐせにすることで、あなたは「部分」にハマりがちな意識を動かし、「全体」に移動させることができるのです。

目次と本文の往復で自然にトレーニングできる

「要するに？」という問いかけをすること。これが、全体への意識を高め、あなたの抽象化能力を高める問いなのですが、実は読書するだけで、この問いかけを自然に行うことができるのです。

本は情報や知識が体系的に整理されています。

簡単にいえば、タイトル・見出しが全体・抽象。本文が部分・具体になります。

このため、本を読みながら自然と、全体・抽象から、部分・具体。部分・具体から、全体・抽象を意識するようになり、行き来がスムーズになっていくのです。

ただ、従来のゆっくり&じっくりの読み方では、残念ながら、全体と部分の往復、抽象と具体の往復スピードをそんなに速めることはできません。読書において、タイトルや見出し、目次を積極的に活用していない人もいるでしょう。

しかし、「武器になる読書術」では、ざっくり飛ばし読みし、目次や見出しと本文を行ったり来たりしながら、くり返し読んでいきます。これがそのまま、全体と部分の往復であり、抽象と具体の往復になっているのです。

つまり否が応でも全体・抽象と、部分・具体を意識することになります。しかも、それを高速に行っていくので全体・抽象と、部分・具体の行き来は速くなっていくのです。

読書でこれを行い慣れていくと、仕事や日常生活の場面でもだんだんと全体・抽象と部分・具体の両方を意識し、行ったり来たりできる人になっていくのです。

「思い出す」スピードを速めて知識・情報を使いこなそう

「頭の回転が速い」人の2つ目の特徴に入っていきましょう。

それは、**記憶から必要な知識・情報を思い出すのが速い**ということです。

何かを考える、発想するためにはそのネタというか、材料が欠かせませんよね。それはもちろん、本の外にもあるわけですが、あなたのなか、すなわち、あなたの記憶のなかにある材料は大事な要素です。

頭の回転の速い人は、その材料をすばやく思い出しているだけなのです。

これは、単に「記憶力がいい」や、「物知りだ」という話ではありません。

たとえ、いろいろなことを知っていたとしても、それをすばやく思い出すことができなければ頭の回転が速いとはいえないのです。

ただ、記憶から必要な知識・情報を「思い出す」ということは、なかなか自覚されていません。

この話を聞いて、第4章の「意識の矢印」のところでお伝えした、「潜在記憶」を思い出した方がいるかもしれません。潜在記憶とは「勝手に思い出されて、思い出されたことも自覚されない記憶」の働きのことです。

この「潜在記憶」の働きのため、われわれは何かを考えたり、発想したりするときに、自分の記憶から知識・情報が思い出されていること、さらにはその思い出されるスピードを意識することがほとんどないのです。

すばやく「思い出す」ための2つのポイント

では、持っている知識や情報をすばやく記憶から思い出せるようになるにはどうすればいいかというと、2つのポイントがあります。それは、

①とにかく「くり返し読む」こと

②思い出すスピードを意識すること

です。

もうすでにおわかりのように、「くり返し読むこと」は、くり返し記憶から情報、知識が思い出されることです。

われわれの記憶は、神経細胞同士、１つひとつが数千から数万ともいわれるほどの数の、ほかの神経細胞とつながった、いわば膨大なネットワークです。

くり返すことで、神経回路に電流が流れることになりますが、くり返せばくり返すほど、電流が流れやすくなる、すなわち思い出されやすくなることが知られています。

スポーツにしろ芸事にしろ、すべての土台は反復、くり返しにありますが、その元をたどっていけばこの脳の神経細胞、神経回路のしくみに突き当たります。

思い出す速さ「反応スピード」を意識しよう

そして思い出すスピード（思い出されるスピードといってもいいのですが）を速めるた

めには、そのスピード、**「反応スピード」を自覚することも大切**です。

あなたがよくよく知っている情報・知識であれば、すぐに反応して思い出されると思いますが、最近知ったばかりの言葉であれば、じわじわと思い出される感じかもしれません。自分では知っている言葉、覚えている言葉であっても、反応スピードの遅さを自覚できれば、もう少しくり返そうと思いますし、意識的にその言葉・情報・知識を思い出すことにつながっていきます。

ただ知っているだけだと、反応スピードは遅く、ワーキングメモリでいえば、容量を食っている時間が長いので、ワーキングメモリを圧迫し、その言葉・情報・知識を使って何かを考えることがスムーズにできません。

しかし、反応スピードが速くなり、ワーキングメモリを使う時間が減ってくると、その言葉・知識・情報を使って、そのほかの言葉・情報・知識を組み合わせて使う、使いこなすことが楽になってきます。

このためにも反応スピードを意識・自覚して、くり返して言葉を読む・思い出す・使うなかで、サッとその言葉を思い出して使いこなせるようにすることが重要になるのです。

これはあなたがその言葉をただ知っているだけか、それとも自由に使いこなしているかの違いにもつながってきます。

もちろん、本を読むことで、そして言葉に触れるだけでも、その言葉に関連する神経細胞・神経回路は活性化し、次にその言葉や関連する情報、知識を思い出しやすくなっています。

これは**「プライミング効果」**と呼ばれるものです。

たとえば、「消防車」という言葉を見たり聞いたりするだけで、「赤」という色に反応するスピードが速くなるといったことです。

これは、消防車と赤は結びついているので、消防車という言葉を読んだり聞いたりすることで、消防車に関連する神経細胞や神経回路が活性化し、赤という情報に関連する神経細胞、神経回路も同時に活性化します。このため、「赤」という言葉や赤色のモノに反応しやすくなる、すなわち反応スピードが上がっていくのです。

「目次」は最強のトレーニングツール

そして、この思い出すスピードを速めてくれるのが、これまでも何度も登場している本の**「目次」**です。

本を読むことでも反応スピードは上がってきますが、それをより濃く、強力に行うのが、目次を見てそこの内容を思い出すこと、そしてもちろん、これをくり返すことです。

本を読んでいる途中でもあとでも、目次を見てその項目から、書かれている内容を思い出してみる。さらには、その内容を語ってみる。

独り言でもいいですし、だれか聞いてくれる人がいれば、その人に向けて語ってもいいでしょう。

こうやって意識して思い出す、語ることは、あなた自身の経験した記憶（これは経験記憶やエピソード記憶と呼ばれます）となって定着してきます。

これによって、本に書かれている言葉や情報や知識が、より記憶として定着して思い出されやすくなり、思い出すスピード、反応スピードも速くなっていくのです。

シンプルな言葉・情報・知識の反応スピードを上げよう

くり返していくうちに反応スピードが上がる言葉・情報・知識自体は、とてもシンプルなものかもしれません。

ただし、それがとても重要なのです。

車の運転で考えてみてください。免許を取ったばかりのころは、ハンドルを回す・バックミラーを見る・ブレーキを踏む・ギアを操作するといった、非常にシンプルな操作でも大変だったでしょう。車の運転自体も危なっかしく、横から話しかけられようものなら、「黙ってて！」と話すのも拒否したでしょう（ワーキングメモリでいうと、意識的に注意を向ける必要があり、ワーキングメモリを圧迫している状態です）。

それがハンドルを回すことをはじめ、非常にシンプルだけれども基本となる操作をくり返し行い、できるようになると、反応スピードが上がって余裕が出てくるのです。さらには意識的に注意を向けなくても、体で無意識に操作できるようになることでワーキングメモリを使う必要がなくなり、運転中も複雑な動作、情報処理ができるようになっていきます。

情報や知識においても同じです。

シンプルな言葉・情報・知識だとしても、ゆっくり思い出すレベルからさっとすぐに思い出せるようになるまで**反応スピードが上がることで、ワーキングメモリへの負荷も減り、それらの言葉・情報・知識を使って、自由自在に思考や発想ができるようになってきます。**

一見複雑な思考・発想・知的作業も、非常にシンプルな言葉・知識・情報を思い出す反応スピードを上げることで、できるようになるのです。

何かがんばって、いきなり複雑な作業、思考をトレーニングするのではなく、いわゆる基本とよばれるシンプルな情報、知識を反復、くり返して反応スピードを上げることが大事なのです。

まだ歩けない赤ちゃんからしたら、スタスタと歩けるあなたがすごい人に見えます。このように、それ自体はすごくシンプルな技術、スキルであったとしても、それをさっと使いこなせるようになれば、「すごい！」というレベルに達するわけです。

あなたが「頭の回転が速い」と思っている人も、実はシンプルな情報、知識をすばやく思い出し、使いこなせるまでただくり返してきただけ（それが簡単ではないこともあるわけですが）といえるのです。

記憶の「つながり」をバラしてアウトプット力を高めよう

「頭の回転が速い」の３つ目は、異質な情報・知識をつなげるスピードが速い、です。

何かを話していて、パパッとアイデアが閃く人っていませんか？

こういう人を見て、「すごい！」「頭の回転が速い！」なんて思いますが、これは、**異質な情報・知識同士をつなげるスピードが速い**のです。

そして素晴らしいアイデア、新しいアイデアといっても、まったくゼロから生まれるものではありません。よくいわれることですが、新しいアイデアというのは、既知の情報や知識の新たな組合せです。

素晴らしいアイデアがどんどん出てくる、何か人をうならせるような人は、このつなげるスピードが速いのです。さらには、よくあるつながりではなく、え？ と多くの人が驚くような異質な情報・知識同士をつなげているのです。

では、どうすれば異質な情報・知識同士をつなげられるようになるのか？　しかもそれをすばやく行えるようになるのでしょうか？

情報・知識の記憶・理解はすべて、何かとむすびついている

この情報・知識をすばやく組み合わせられるかどうかというのが、簡単なようでなかなか難しいものです。これまで慣れ親しんだ情報・知識の強い結びつきのせいで、なかなか異質な情報・知識がくっつかないのです。

記憶というのはつながり・結びつきです。理解も実はつながり・結びつきです。バラバラだった情報、知識がつながることで記憶ができ、理解も起こるのです。

たとえば、「りんご」という言葉を見ると、おそらくあなたの頭のなかには「りんご」のイメージがぼんやりとでも浮かぶでしょう。

このように「りんご」という言葉はそれ単独で存在していません。必ず、何かとむすびついています。

脳の構造からいっても、そうならざるを得ないのです。

記憶というと、頭のなかに箱があって、そこに置いてあるイメージを持っている人がいるかもしれませんが、実際にはそんなふうに整理されていません。そこがコンピュータと違うところです。

コンピュータであれば、情報はすべて番地が決まっていて、そこに情報が格納されていきます。

なので、記憶もコンピュータのように箱に情報・知識が蓄えられているイメージが強いかもしれませんが、実際は違います。

既存のつながりが「わかったつもり」を生み出す

脳のなかは、神経細胞がそれぞれ数千から数万ともいわれるほかの神経細胞とつながり、膨大な神経回路を作っており、そこに記憶が収められています。

ピンとこないかもしれませんが、私たちはある言葉を見たときに、ある部分の神経細胞、神経回路が発火（電流が通る）するのです。そして、発火した部分はまた神経細胞とつながっていますから、周りの神経細胞も活性化することになります。

このように情報・知識はつながり合っているのです。

これは連想を生みだし、そこから理解ができたり、新しい発想を促したりする面もあるのですが、すでに慣れ親しんだつながりほど電流が通りやすくなり、ついついそれが当たり前のように考えてしまいます。

それはあまりにも速いので、「それしかない、それは当たり前だ」となり、それ以外の組み合わせを考えるのがなかなか難しくなるのです。

これは、第4章で解説した「潜在記憶」の働きによるものです。

異質な情報・知識同士のつながりを速く行うためには、**「潜在記憶」の働きを自覚しつつ、それが教えてくれるつながりを超えた新しいつながりを行っていくことが必要**なのです。

そのために必要なのは、これまた第4章で解説した、あの立場です。ついつい「わかったつもり」になってしまう脳の働きに巻き込まれないようにするには……何か覚えていますか？

「無知の姿勢」、すなわち好奇心を開き続けること

そうです。「無知の姿勢」、「わからない」という立場を取ることでした。

自然と起こる潜在記憶の反応を自覚しつつも、そこに巻き込まれて、とらわれて、「ああ、あれね」とわかったつもりになることなく、新たな可能性に好奇心を開き続けることです。

そして、この無知の姿勢、好奇心を開き続けることに役立つのが、読書そのものです。

読書は、知ること、わかることを増やすことでもありますが、読めば読むほど、自分の知らないことがいかに多いか、わかっていないことがいかに多いかをどんどん自覚することでもあります。

もし、読書している人で、自分が知っていること、わかっていることが増えている実感のほうが強い人は、まだまだ本を読む量が足りないといえるでしょう。

読書家といえる人ほど、**自分が知らないことを自覚しています**。知っているとしても、ほんの一部であり、まだまだ知らない領域が広いこと、大きいことを自覚しているのです。

異質な分野に触れやすい「本」で無知の姿勢を保つ

ただ、同じ分野、自分が得意な分野の本ばかり読んでいると、知っていることが増えていく、わかることが増えていくという感覚になるでしょう。

そうならないために、**自分の読む分野を意識的に異質な分野に広げることが大事**です。

文系の人であれば、あえて理系の数学や物理などの分野の本を読んでみる。理系の人であれば、あえて文系の歴史や哲学などの分野の本を読んでみることです。

これまではなかなか未知の分野の本に手を出しにくかったかもしれませんが、本書の「武器になる読書術」を使えば、気楽に躊躇することなく、異質な分野の本を読み始められるでしょう。

本の場合、自分が普段触れない分野や領域に手を出す、手を広げることはとても簡単です。ただ本を買って読めばいいだけですから。

さらには、大型書店に行って、自分の得意分野、慣れ親しんだ分野以外の売り場、フロアに足を踏み入れるだけでも、異質な世界に触れることになります。これだけでも最初は恐怖というか躊躇するかもしれませんが、ぜひやってみましょう。

これが生身の異質な人や現実の異質な世界であれば、時間とエネルギーがかかりますよね。本はそこを一挙に超えられる、ある意味、魔法の道具なのです。これを使わない手はありません。

自分とは馴染みのない異質な分野に触れることは、自分自身を客観的に見つめることにつながります。

私自身もアメリカ留学したときに、日本人である自分を意識しましたが、この**「自分を見る自分」が育ってくると、自分自身が当たり前に思っているつながりに巻き込まれることなく、異質な情報・知識同士をすばやくつなげられるようになります。**

抽象化力を鍛える「３冊読み」のススメ

異質な情報・知識同士のつながりを強制的にトレーニングできる読書の方法を１つご紹介しましょう。

それは、**異質な分野の本を３冊合わせて、同時並行で読む**方法です。その３冊はまったく関係がないものほどオススメです。

そして、一見まったく関係がないもののなかに、あえて何か共通点がないか？　という意識を持って読んでみるのです。そうすると、不思議なことに共通点が見えてきます。

もちろん、表面的な情報としての共通点はないでしょう。しかし、抽象度を上げることでその構造や関係性を見ていくと、だんだんと共通点が見えてきます。

つまり、1つ目の「頭の回転の速さ」、抽象と具体の往復スピードが速いと、3つ目の異質な情報・知識同士の結びつけのスピードも速くなっていきます。

逆に異質な情報・知識に触れ、自分になじみのある情報・知識との結びつけを意識することが、抽象と具体の往復のスピードを鍛えることにつながります。

なお、2つ目の「頭の回転の速さ」、記憶から必要な情報・知識を思い出すのが速いのは、すべての速さのベースになりますから、この3つの「頭の回転の速さ」はつながっていて相乗効果を発揮するといえます。

「武器になる読書術」がアウトプット力を飛躍的に高める

「武器になる読書術」を実践することで、あなたの頭の回転は速くなり、それによってさらにサクッと本を読んで速く深く理解できるようになっていきます。

そうなれば、本を読むことへのハードルがさらに低くなりますから、本を読む量がさらに増えていくでしょう。こうして「武器になる読書術」を実践するなかで、あなたの頭の回転の速さと読書量が相乗効果を発揮しながら向上していくのです。

ぜひ今すぐ「武器になる読書術」を実践して、この好循環に乗っていってください。

また、読書量が増えて、インプット力が高まるだけではありません。３つの「頭の回転の速さ」が高まることで、あなたのアウトプット力はどんどん高まっていくでしょう。

アウトプット力がますます問われる時代

昨今はアウトプット力がこれまで以上に求められている時代です。

プレゼンテーションをする機会も増え、セールスに限らず、プレゼンテーション力は必須のスキルとなっています。

また、会議も形ばかりの会議ではなく、実質的に意味のある会議が求められ、そこでの発言力も重要度を増しています。

さらに無視できないのが、**文章を書く能力**です。メールという形で昔の手紙のように文章を書く機会が多くなっています。そのほか、ブログやSNSなどの発信力が求められる場面も多く、アウトプット力が問われる時代といえるでしょう。

表面的なアウトプットスキルだけを高めても効果はない

ただ、アウトプット力を高めるといっても、プレゼンテーションスキルやライティング力、伝える力など、表現するスキルやテクニックを練習して身につけただけでは不十分です。

アウトプットするためには、アウトプットするコンテンツが欠かせないからです。

たとえば、「英会話が苦手だ」とか「英語でうまく表現できない」といって英語能力の低さを嘆く人がいますが、よくよく聞いてみると、そもそも日本語で伝える内容自体がない場合がよくあります。

それと同じことが、アウトプット力全般にもいえます。

あなたがアウトプットするコンテンツが貧弱であれば、いくらアウトプットするためのスキルを磨いたところで、アウトプット力は低いままなのです。

ですから、**アウトプット力を高めるためには、まずはあなたのインプット力を高めること、**そしてあなたの**考えを深め、あなた自身が伝える思いや意見を育てることが何よりも大事**なのです。

そして、そのためにもアウトプット力を高める読書が重要です。

「内なる言葉」の自覚は、アウトプットの源泉を育てる第一歩

では、どうすればアウトプットの源泉となる、あなたの思いや意見を育てることができるのでしょうか?

電通のコピーライターの梅田悟司さんは『「言葉にできる」は武器になる。』(日経BPM)で、**「内なる言葉」**の重要性を書いています。

この「内なる言葉」とは、「日常のコミュニケーションで用いる言葉とは別物であり、無意識のうちに頭に浮かぶ感情や、自分自身と会話をすることで考えを深めるために用いている言葉」のこと。

われわれが「考える」というのは、この「内なる言葉」を発していることともいえるのです。

自分の思いや意見を育てるための第一歩として、梅田さんは普段は表に現れず、その存在に気づかずに見過ごしやすい「内なる言葉」を認識することだと書かれています。

「内なる言葉」の自覚・深掘り・育成が、アウトプット力を高める

この「内なる言葉」は、ここまで「武器になる読書術」を学ばれてきたあなたであれば、「ああ、あのことか」とピンとくるのではないでしょうか。

そうです。序章と第４章で解説した「潜在記憶」です。勝手に思い出されて、思い出されたことも自覚していない「潜在記憶」と「内なる言葉」はかなり重なります。

「武器になる読書術」では「意識の矢印」を使いながら、潜在記憶の反応に巻き込まれず、そこで思い出される記憶を自覚することを行い、トレーニングしていきます。

これは、まさに内なる言葉を認識し、自分自身の考えを深め、自分の思いや意見を育てていくことにつながるのです。

なお、梅田さんは自分の内なる言葉を認識し、磨いていくために自分の心のなかに浮かんでくる内なる言葉をＡ４の紙などにどんどん書き出していくことを勧めています。

これと同じように、**読書しながら浮かんできた言葉などを、どんどん本の余白に書き込んでいけばいい**でしょう。

こうやって「武器になる読書術」を実践しながら内なる言葉を自覚し、それを使って自分の考えを深め、思いや意見を育てていくことがアウトプット力をさらに高めていくことにつながります。

読書はアウトプットの手段として活用できる

「読書は、他人にものを考えてもらうことである」

これは有名な哲学者ショーペンハウエルが『読書について 他二篇』（岩波書店）という小文で書いている言葉で、読書の弊害を表す言葉としてよく使われます。

『読書について』では、読書に対する辛辣な言葉が並びます。

「読書の際には、ものを考える苦労はほとんどない」

「ほとんどまる一日を多読に費やす勤勉な人間は、しだいに自分でものを考える力を失っていく」

「絶えず読むだけで、読んだことをあとでさらに考えてみなければ、精神のなかに根をおろすこともなく、多くは失われてしまう」

これらの言葉は真実をズバリと突いていると私も思います。ただ、読書が「他人にものを考えてもらうことである」ということは弊害ともいえますが、同時に読書のメリットだとも考えています。

どういうことかというと、だからこそ、凡人でも「考える」ということを少しでもできるからです。

しかも、**自分以上に優れた人が考えた過程の一部でも体験し、さらにその先へと考えを進めることができる**のです。

本は凡人が考えるための「自動車」

いわば、本は凡人に「下駄」を履かせてくれるようなものだともいえます。もっといえば、「自動車」のような存在だといえるでしょう。

もし自動車がなければ、あなたは行きたいところに行くまでに時間が膨大にかかりますよね。ただ一方で、自動車を利用すると体を使うことが少なくなりますから、身体能力が低下します。

「巨人の肩の上に乗る」なんて表現もされますが、読書することによって、自分一人ではいくらがんばっても見られなかった世界を、本はわれわれを持ち上げて見せてくれます。

と同時に、「絶えず読むだけで、読んだことをあとでさらに考えてみなければ、精神のなかに根をおろすこともなく、多くは失われてしまう」のも事実です。

だからこそ、アウトプットを意識することが大事になります。「武器になる読書術」で高められたアウトプット力を使って、どんどんアウトプットすることです。

本の言葉を引用してアウトプットしよう

本を読むなかで、「そうそう、自分がいいたかったことはこれだ！」と、自分が思っていたものの、なかなか言葉にできなかったことを見事に表現してくれているのを読んで、うれしくなった体験はありませんか？

そういった表現はどんどん使わせてもらいましょう。

ゼロから自分で言葉を紡ぎ出そうとするのは、なかなか簡単ではありません。人前で何かの話をしたりブログに何かの記事を書いたりするときに、読書をしていて**自分が惹かれた本の一節を積極的に引用して、語り、書いていきましょう**。

本は「考える」ことだけでなく、「語る」「書く」うえでも、われわれの「下駄」であり、「自動車」となって語ることや書くことのハードルを下げてくれます。

慣れないうちは遠慮せずに本の力を借りて、どんどんアウトプットすることです。

読書はインプットの手段と思われがちですが、読書はアウトプットの手段でもあり、あなたのアウトプットを加速させてくれるのです。

「武器になる読書術」でたくさんの情報・知識をインプットするとともに、頭の回転をどんどん速くし、さらには本の言葉を引用することでアウトプットをどんどんしていきましょう。

呼吸では息をたくさん吐けば吐くほど、たくさん息を吸うことができます。こうやってアウトプットしていくことで、さらなるインプットを生み出し、それがさらなるアウトプットにつながる好循環になっていきます。

こうすることで、読書がまるで呼吸のように、生きること、生活の一部となって定着していきます。そうなればあなたも読書の達人です。
そのための第一歩を「武器になる読書術」でとりあえず踏み出してください。

本書は２０１７年10月、小社より刊行した『サクッと読めてアウトプット力を高める　集中読書術』を改題したものです。

参考文献

◉『WILLPOWER 意志力の科学』（ロイ・バウマイスター／ジョン・ティアニー著　渡会圭子訳　インターシフト）
◉『教養としての認知科学』（鈴木宏昭著　東京大学出版会）
◉『具体と抽象―世界が変わって見える知性のしくみ』（細谷功著　dZERO）
◉『「言葉にできる」は武器になる。』（梅田悟司著　日経BPM）
◉『コンセプチュアル思考』（好川哲人著　日経BPM）
◉『スタンフォードの自分を変える教室』（ケリー・マクゴニガル著　神崎朗子訳　大和書房）
◉『多読術』（松岡正剛著　筑摩書房）
◉『遅読家のための読書術―情報洪水でも疲れない「フロー・リーディング」の習慣』（印南敦史著　ダイヤモンド社）
◉『ちょっと本気な千夜千冊虎の巻―読書術免許皆伝』（松岡正剛著　求龍堂）
◉『読書について 他二篇』（ショウペンハウエル著　斎藤忍随訳　岩波書店）
◉『フロー体験　喜びの現象学』（M・チクセントミハイ著　今村浩明訳　世界思想社）
◉『マインドセット―「やればできる！」の研究』（キャロル・S・ドゥエック著　今西康子訳

草思社）

◎『物語としてのケア―ナラティヴ・アプローチの世界へ』（野口裕二著　医学書院）

◎『レトリック流法律学習法』（フリチョフ・ハフト著　平野敏彦訳　木鐸社）

あとがき

私たちがまだ幼く、物心のつかないうちから始まった「本」との付き合い。

「本」とどう付き合うのか？　どう読んでいくのか？

それは学校をはじめさまざまな場で、それぞれ一人ひとりがなんとなく身につけてきたものでしょう。きちんと教えられないまま、そして、自分のやり方が効果的なのか効率的なのかも、きっちりと検証しないまま来ている人が大半だと思います。


私は大学時代に「速読」と出会い、それが本当に使えるのかを試験勉強で実践検証するなかで、従来の読み方、本との付き合い方の非効率なところにいくつも気づき、独自のやり方を模索し、確立していきました。

本書で紹介・解説した読書術は、私が「速読」を約20年にわたって実践研究するなかで、2002年に生まれた「ＫＴＫ（高速大量回転）法」がベースになっています。

ＫＴＫ法の誕生以来15年にわたり、『速読勉強術』や『どんな本でも大量に読める「速読」の本』など10冊を超える本やメールマガジン、ブログ、さらには講座・研修を通して、のべ数十万人の方にお伝えしてきました。

その結果、数多くの難関試験合格者や、月に何十冊、さらには百冊を超える本を読む人を生みだしてきました。

本書でお伝えした「武器になる読書術」は、「速読」や「試験勉強」の枠にとらわれることなく、より多くの人に日々の読書で気軽に活用してもらえるようにしたものです。

なお、この方法は、ビジネス書や新書、専門書など、情報や知識を体系的にまとめた本で効果を発揮する読み方であり、小説や物語などストーリーを楽しむための本には向きません。その点は改めてお伝えしておきます。

また、「本」ほど使い手が自由に使えるメディアはありません。ですから、あなたが本書の「武器になる読書術」に縛られることは私の本意ではありません。読書を苦手にしている人や本嫌いの人に、本と気楽に自由に出会い、付き合ってほしいと願っています。

本書をきっかけに、あなたが従来の読み方の枠や思い込みをぶち壊し、自分自身の読み方の選択肢を広げて、あなたならではの読み方を生み出していくことを願っています。

素敵な本との出会いを！　そして本との豊かなお付き合いを！

◆著者紹介◆

宇都出　雅巳（うつで・まさみ）

●トレスペクト教育研究所代表。1967年生まれ。東京大学経済学部卒。出版社、コンサルティング会社勤務後、ニューヨーク大学に留学しMBAを取得。
その後、外資系銀行を経て、2002年に独立。企業や個人向けに研修や講座、セミナーなどを提供する、トレスペクト経営教育研究所（現・トレスペクト教育研究所）を設立する。

●30年以上にわたり、速読を自らの読書および試験勉強で実践研究し、脳科学や心理学、認知科学の知見も積極的に取り入れた独自の読書法・勉強法＝KTK（高速大量回転）法を確立。
受験生・ビジネスパーソン向けの講座・個別指導を行うほか、記憶の持つ力を活用したコミュニケーション、マネジメント、コーチングなどの企業研修や予備校講師の指導も行っている。

これらの活動が注目を集め、NHKをはじめ、テレビ、雑誌、ウェブなどさまざまなメディアに出演。専門家サイトAllAboutでは「記憶術」ガイドも務める。

●著書に『「1分スピード記憶」勉強法』（三笠書房）、『どんな本でも大量に読める「速読」の本』（大和書房）、『合格（ウカ）る思考』（すばる舎）、『「名前が出ない」がピタッとなくなる覚え方』（マガジンハウス）、『仕事のミスが絶対なくなる頭の使い方』（クロスメデイア・パブリッシング）、『図解 仕事のミスが絶対なくなる頭の使い方』（クロスメディア・パブリッシング）、『ミスしない大百科』（共著、SBクリエイティブ）など多数。

●訳書に『売り込まなくても売れる！実践編』（ジャック・ワース著、フォレスト出版）、『コーチング・バイブル』（ヘンリー・キムジーハウス他著、共訳、東洋経済新報社）、『応用インプロの挑戦』（テレサ・ロビンズ・デュデク他著、共訳、新曜社）がある。

ホームページ　https://www.utsude.com/
ブログ「だれでもできる！速読勉強術」
https://ameblo.jp/kosoku-tairyokaiten-ho/

「脳」と「本」の持つ可能性を最大化する
武器になる読書術

2021年9月22日　初版発行

著　者　宇都出雅巳
発行者　野村直克
発行所　総合法令出版株式会社
〒103-0001 東京都中央区日本橋小伝馬町15-18
EDGE小伝馬町ビル9階
電話　03-5623-5121
印刷・製本　中央精版印刷株式会社

ISBN 978-4-86280-815-8
総合法令出版ホームページ　http://www.horei.com/

読者限定無料プレゼント

「脳」と「本」の持つ可能性を最大化する

武器になる読書術

動画で
わかりやすく
解説！

実演解説動画

POINT ①

本書で紹介している「武器になる読書術」をどのように行うのか、著者が動画で実演解説します！

POINT ②

本の言葉だけでは伝えきれない情報をお届けし、あなたが「武器になる読書術」を本当に使えるようになるよう、サポートします。

この無料プレゼントを入手するには
こちらへアクセスしてください

https://www.utsude.com/bukidoku/

※プレゼント入手にはメールアドレスの登録が必要です。
※動画はWeb上で公開するものであり、DVDなどをお送りするものではありません。
※上記無料プレゼントのご提供は予告なく終了となる場合がございます。
あらかじめご了承ください。